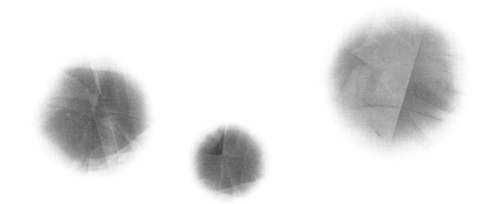

障害児教育福祉の実践記録
親子に寄り添った私の13年の歩み

小川英彦 著
Ogawa Hidehiko

三学出版

まえがき

　私が教員になったのは 1983（昭和 58）年 4 月であった。それから約 40 年の教員生活の節目を迎えた。この間、障害のある子どもたちとその親を支えての名古屋市教諭時代、保育士や幼稚園教諭を目指す学生を指導した大学教員時代で、子どもたち、学生、親と心の交流をして、教育の奥深さを考えさせられた。

　その教員歴は次のようである。

1983（昭和 58）年　　名古屋市立一色中学校
　　　　　　　　　　　特殊学級（現在の特別支援学級）の教諭
1991（平成 3）年　　　名古屋市立南養護学校
　　　　　　　　　　　高等部（現在の特別支援学校）の教諭
1996（平成 8）年　　　清光学園岡崎女子短期大学幼児教育学科の講師
2003（平成 15）年　　愛知教育大学幼児教育講座の助教授
2006（平成 18）年　　同上の教授
2012（平成 24）年　　愛知教育大学附属幼稚園の園長（併任）
2021（令和 3）年　　　愛知教育大学名誉教授
　　　　　　　　　　　至学館大学健康科学部こども健康・教育学科の教授

　上記の職歴から、実践者と研究者の両方を経験してきた。両者では、各々において「研究」という用語を使用している。学校では「実践研究」「実践記録」という取り扱い方を、大学では「学問研究」「専門研究」という取り扱い方で相違点があると感じていた。例えば、園や学校の実際の支援をまとめるという点では前者において、先行関連研究を踏まえてオリジナリティを求める点では後者において力点が置かれている。一方で、両者の研究の行き来が必要であるとも考えていた。子どもから学ぶという研究姿勢は双方に見られるからである。

　本書では、書名から筆者の学校での教諭時代に執筆したものから主要

4

な研究を選択した。大学での教員時代で執筆した著書（単著、共著）は今回除いた。

　筆者は本書を執筆するにあたって、手元にある「教育実践」や「実践記録」に関する代表的な書籍を振り返ってみた。刊行年代順に、『教育実践とはなにか』（斎藤浩志、1977 年刊、青木書店）、『教育実践記録論』（坂元忠芳、1980 年刊、あゆみ出版）、『現代の教育実践と教師』（村山士郎、1983 年刊、民衆社）、『教育実践に共感と科学を』（茂木俊彦、1984 年刊、全国障害者問題研究会出版部）、『共同作業所の実践－発達と自立をめざして－』（共同作業所全国連絡会、1988 年刊、全国障害者問題研究会出版部）、『生活支援のレポートづくり－実践研究の方法としての実践記録－』（大泉溥、2004 年刊、三学出版）、『実践記録論への展開－障害者福祉実践論の立場から－』（大泉溥、2005 年刊、三学出版）、『実践を語る－子どもの心に寄り添う教育実践－』（田中耕治、2010 年刊、日本標準）となる。

　これらの著書は、①著名な実践者の紹介、②実践記録とは、③実践記録の書き方、④実践記録の目的、⑤実践記録の読み方、⑥実践記録の意義、⑦子ども（障害児も含めて）理解、⑧授業づくり、学校づくり、⑨地域の創造などを紹介している。

　筆者は以上の見解を踏まえた上で、次の事項を大切にしながら今日まで日々の教育を行ってきたつもりである。

　第一に、障害児を深く理解すること。

　第二に、学級、学部、学校が障害児と親の願いを受け止めること。

　第三に、個々の教員の力量が発揮され、学校全体に影響を与えること。

　第四に、教育実践に教育学の成果が反映されること。（実践と理論の結合）

　選択した実践記録は、第一章から第八章に述べてある。実践記録のテーマ（主題）、発表・所収した研究会と研究誌の名称、発表年は次のようである。なお、若干ではあるが加筆した一部がある。

Ⅰ．「子どもたちと心をかよわせる」(愛知障害児教育研究会、1983 年)

Ⅱ．「中学校の障害児学級における進路保障をめざす教育」(名古屋市中川社会教育センター、1985 年)

Ⅲ．「内面をたいせつにゆたかに」(愛知障害児教育研究会、1985 年)

Ⅳ．「読み聞かせで生きる力を育てる」(日本福祉大学『福祉研究』、60 号、pp.73-80、1989 年)

Ⅴ．「子どもの側に立った教育課程」(日本福祉大学『福祉研究』、65 号、pp.227-236、1991 年)

Ⅵ．「特殊学級における教師と子どもの相互作用に関する研究」(日本特殊教育学会『特殊教育学研究』、第 30 巻第 3 号、pp.9-14、1992 年)

Ⅶ．「青年期障害者の人格形成と集団(試論)」(日本福祉大学『福祉研究』、71 号、pp.7-20、1993 年)

Ⅷ．「障害児教育における授業評価に関する研究」(日本特殊教育学会『特殊教育学研究』、第 32 巻第 5 号、pp.57-62、1995 年)

「光陰矢の如し」という諺のように、教員になって約 40 年があっという間に過ぎた感じがする。ちょうど区切りの年にもなるので、障害のある子どもたちと親のために奔走していた頃に書いたものを整理したいと思った次第である。

　拙い内容ではあるが、ある意味では『遺書』『遺稿』になるのかもしれない。

　小生の書斎には、障害児者教育福祉の先駆的実践者である近藤益雄(1907 年〜 1964 年)が残した「のんき　こんき　げんき」が掲げられている。座右の銘でもある。この名言が自分のライフワークを支えていたといっても過言ではない。

　今こうして自分の実践記録集を世に送ることができたのは、先駆的実践者からの学び、そして、周囲の関係者の支えがあったからである。感謝の気持ちでいっぱいである。

著者

目　次

第 1 章　子どもたちと心をかよわせる
－学級通信 " めだか " の 1 年の歩みを通して－

1．はじめに

　昭和 58 年 4 月、小川学級が名古屋市立一色中学校で船出をした月である。入学式で初めて新 1 年生と出会い、翌日の始業式で新 2・3 年を交えて子ども 9 人（うち 1 人長期欠席）と私がそろい、10 人の学級がスタートした。不安と期待の中で、教室で子どもたちに向って自己紹介をしていった。子どもたちも、新しい先生が来て全く様子がわからなかっただろうに、そんな子どもの心を理解できる余裕は私にはなかった。

　すぐに始まる授業で何をやろうかと悩み、帰宅してから坂爪セキの『生きる力をこの子らに』（あゆみ出版）、河添邦俊・平野日出男の『どの子もすばらしく生きるために』（明治図書）の教育実践にたよった。

　ところで、学級通信 " めだか " は授業が始まってから約 1 ヶ月後の 5 月 6 日に第 1 号を出している。この 1 ヶ月の間に、不安感がだんだんと少なくなり期待感が増していったのであった。学生時代から会員に加わっていた愛知障害児教育研究会（愛知県立大学・田中良三先生らを中心に活動）で、「障害児学級の実践や役割が、まだ必ずしも十分に深めきれていない」という問題状況を学び、（森博俊「障害児学級の歴史と役割」・日教組『障害児の教育課程　第 2 集』でも指摘されている）小川学級の教育実践をなんらかの形で残すことはできないかと思い、学級通信 " めだか " を出していったのであった。" めだか " の名称由来は「みんなでお遊戯しているよ」という歌詞からとったのである。

12

2．小川学級の位置づけ

（1）名古屋市の障害児学級の設置状況（昭和58年5月1日）

		精神薄弱	言語障害	難聴	弱視	情緒障害	病院内	合計
小学校	校数	67	3	3	2	16	5	96
	学級数	72	3	4	2	18	7	106
	児童数	449	30	41	11	105	34	670
中学校	校数	40		2	1	8		51
	学級数	46		2	1	8		57
	生徒数	337		9	3	50		399
合計	校数	107	3	5	3	24	5	147
	学級数	118	3	6	3	26	7	163
	児童・生徒数	786	30	50	14	155	34	1,069

（出所：名古屋市教育委員会『特殊教育資料』）

（2）9人の子どもたち（昭和58年度）

名前 (性)	学年	子どもたちの姿（概要）
M・I （女）	3	ひらがなを読み書くことはできない。数は10までが指さしても正確には数えれない。線にそって切ることがむずかしい。非常におとなしいが、最上級生らしく他の子どもの行動を注視している。力をあわせて行動することができる。 排泄、着脱などの基本的生活習慣は確立している。食事の好き嫌いもなく、からだはじょうぶである。
T・I （男）	2	ひらがなを読み書くことはできる。数は10までがなんとか数えることができる。製作する意欲はあるが、作品は同じようになってしまう。 教師への依存性が強い。毎朝、職員室へ来て大きな声であいさつしてから教室へ行く。学校中に名前は知れ渡っている。我が強くなりすぎ他の生徒と対立することがある。 排泄の数が多く、食事には時間がかかる。特に病気をしたことはなく欠席はない。家庭での養育に欠けている。
Y.K （男）	2	長期欠席（てんかん発作が頻繁におこるため）

K.M (男)	2	知的障害ではなく学習の遅滞のため、漢字、四則計算などかなりおこなうことができる。創造的に作品を製作し、工夫を凝らそうという姿がみられる。自治的な活動をおこなうとき、中心となって動くことができる。自主的に行動でき、遠い見通しをもっている。からだは、積極的に体育に取り組むことでじょうぶである。
A.O (女)	2	漢字、四則計算などかなりおこなうことができる。からだをうごかすことにおっくうがり、体育には消極的である。 感情のむらがはげしく、他の子どもへの思いやりに欠ける湯面がある。 食事の好き嫌いがはげしく、小発作があるので投薬をしている。
Y.K (女)	2	小学校低学年の漢字、加法、減法の初歩はできる。体育には積極的に参加でき、作品は細かいところまでできる。 明るく生活をしていて、女の子らしく思いやり、やさしさもあって、クラスの中で他の子どもたちより好かれている。 からだは、自主的に体育にとりくむことでじょうぶである。特に病気をしたことはなく欠席はない。
T.I (男)	1	ひらがなを一字ずつ拾い読みをし、数は指差ししながら、なんとか数えることができる。体育の中でソフトボールに興味・関心、自信をもっている。 元気に声を出し他の子どもに呼びかける。クラスの中で、特にかわいがられる存在である。自治的な活動で積極的に参加しようとする。 手足にマヒがあり、思うように動けないことがあるが、意欲的に行動をしようとする。着脱に時間を要する。投薬している。
K.K (男)	1	漢字、四則計算はかなりおこなうことができる。手指が思うように動かないので製作する技術は課題である。話しことばがはっきり明瞭に言えないが理解力はしっかりしている。 他の男子といっしょに行動をおこなう。はずかし屋のところがあり消極的な行動がみられる。笑顔はたやさず明るい。 口のまわりの筋力が弱いので、咀嚼力に欠ける。食事にはかなり時間がかかる。手指の不自由さから、着脱に時間を要する。
T.T (男)	1	小学校低学年の漢字、加法、減法の初歩はできる。美術（造形）に非常に関心をもっている。なにをやるにも時間を要するが、根気強くやりとげる。 自発的に話しかけることが少ないので、集団を外からながめている場面がよくある。落ち着いた感じで生活している。 特に病気をしたことはなく欠席が非常に少ない。生活のリズムが確立しているという感じがする。

（3）教育目標

① 食事指導や健康教育や生活リズムの確立を通して、発達の基礎的な力や生きる力を培わせる。

② 教科指導を通して、知識や技術を身につけさせ、認識を高めさせる。

③ 生活指導を通して、ものの見方、考え方、行動の仕方を深めさせる。

（4）学級通信発行の目標

① 子どもたちの発達する姿を、子ども・親・教師の間で知り、家庭と学校との結びつきをはかる。

② 子どもたちの学習、遊びという生活の場面を記録していく。

③ 学級通信を読みあい、学校生活を振り返ったり、ことばの力を身につけたりする。

④ 学級の実態、子どもたちの作品を紹介しながら学級集団づくりや自治活動をおこなっていく。

（5）時間割（※－担任の小川が担当する時間）

	月	火	水	木	金	土
	※朝の会					
1	※特別活動	家庭	国語	技術	音楽	体育
2	※体育	※国語	※美術	家庭	国語	体育
3	※理科	音楽	※美術	※国語	国語	※国語
4	国語	※数学	国語	※体育	※社会	※そうじ・帰りの会
	※昼食					
5	家庭	※理科	※社会	※クラブ	※数学	
6	※クラブ	国語	国語	※そうじ・帰りの会	※特別活動	
	※そうじ・帰りの会	※そうじ・帰りの会	※そうじ・帰りの会		※そうじ・帰りの会	

国語	10時間	社会	2時間	数学	2時間	理科	2時間
音楽	2時間	美術	2時間	体育	4時間	技術	1時間
家庭	3時間	クラブ	1時間	特別活動	2時間	話しあい	1時間

3. 学級通信 "めだか" の1年の歩みを通して
－特別活動の時間を利用して－
（1）学級通信 "めだか"（1号～40号）の概要

	号	発行日	主な内容
1学期	1	58・5・6	1号発行にあたって　自己紹介　遠足を迎えて　5月の目標
	2	58・5・21	遠足を終わって　理科（試験管を使って）　係活動　誕生会
	3	58・5・30	みんなの作品から（T・I）　美術（トントンずもう）　体育（走り幅跳び・短距離走）　6月の目標
	4	58・6・6	みんなの作品から（K・K）　数学（さいころ作り）　国語（詩集 "山芋"）
	5	58・6・13	稲武野外教室を迎えて　社会（能登半島一周）　体力測定　親への伝言
	6	58・6・21	稲武野外教室を終わって－みんなの感想から－
	7	58・6・27	みんなの作品から（T・I）　理科（磁石）　しりとりあそび
	8	58・7・5	みんなの作品から（M・I）　詩 "つうしんぼ"　先生からみんなへ
	9	58・7・11	席替え発表　体育（ソフトボール）　詩 "ゆきちゃん"　7月の目標
	10	58・7・19	夏休みを迎えて－みんなの希望から－
	11	58・8・24	先生の夏休みの日記　みんなの暑中見舞から（Y・K）
2学期	12	58・9・1	2学期を迎えて　みんなの暑中見舞から（T・T）　親への伝言
	13	58・9・7	係活動　先生の発見　みんなの暑中見舞から（K・M）
	14	58・9・13	作品展に向けて　みんなの暑中見舞から（T・I）　9月の目標
	15	58・9・19	社会（ナウマン象について）　みんなの暑中見舞から（M・I）　親への伝言
	16	58・9・22	作品展を終わって　理科（温度計）　詩 "将来のこと"　先生の子どもの頃
	17	58・9・26	校内体育大会に向けて　これからの美術　保護者会を終えて　クイズ
	18	58・10・3	みんなの生活を見て　理科（うくもの、しずむもの、おととふるえ）10月の目標
	19	58・10・13	校内体育大会を終わって　詩 "虫けら"　自治活動　親への伝言
	20	58・10・21	第1号～第19号までの歩み
	21	58・10・31	みんなの作品から（T.I）　自治活動　遠足を迎えて　クイズ　11月の目標
	22	58・11・7	みんなの作品から（Y・K）　遠足を終わって　生活記録
	23	58・11・15	みんなの作品から（M・I）　詩 "空"　自治活動　音楽会を迎えて
	24	58・11・21	わたしのへや（A・O）　音楽会を終わって　国語（詩 "たいよう"、ことばあつめ）
	25	58・11・28	みんなの作品から（Y・K）　席替え発表　お世話になった小学校の先生
	26	58・12・9	冬の生活をするにあたって　美術（カレンダーづくり）　自治活動　12月の目標
	27	58・12・19	みんなの作品から（T・I）　冬休みに向けて　自治活動

	号	発行日	主な内容
3学期	28	59・1・10	みんなの作品から－年賀状特集－
	29	59・1・17	ぼくの家のまわり（T・T） 冬休みの思い出 詩 親への伝言
	30	59・1・24	お知らせ 社会（ぼく、わたしの家のまわり おかあさんの仕事）遊び
	31	59・2・3	みんなの作品から（A・O、Y・K） みんなの生活 社会（おかあさんの仕事） 理科（やじろべえ）
	32	59・2・6	みんなの作品から（M・I、T・I） 節分を終わって 社会（うちにくる人） クイズ
	33	59・2・13	みんなの作品から（T・I） あしたはバレンタイン お知らせ
	34	59・2・16	みんなの作品から（Y・K） 詩 "いもうとよ" 体育（力だめし） 教室での会話
	35	59・2・21	テストを迎えて 詩 "トロッコ" 体育（ボール運動）
	36	59・2・28	みんなの作品から（T・I） 体育（ボール運動） 卒業生に送ることば
	37	59・3・5	卒業するM・Iさんへ 数学（たしざん） 社会（働く人たち）
	38	59・3・13	卒業おめでとう お知らせ 遊び
	39	59・3・21	みんなの作品から －卒業式に出て－（T・T、K・M） 親への伝言
	40	59・3・24	みんなの作品から －卒業式に出て－（A・O、T・I、Y・K） 春休みを迎えて

（2）1学期の中から（"めだか"1号〜11号）

子どもたちとの出会い

　不安と期待の交錯した中、初めての授業がスタートした。私は手に江口季好の『先生とゆびきり』（ぶどう社）を持ち、教室へ向かった。子どもたちの前で、この本は東京の池上小学校の心身障害学級に入学していた岩塚はつみ・なつみという子どもの作品集であることを説明していった。それから、「そら」「こおろぎ」「うた」など数編を読んでいった。そのとき、子どもたちは静かに私の声に耳を傾けていた。そうした子どもの真剣なまなざしが、私を読むのにつまらせた。私は、子どもたちといっしょになって学校生活していきたいという希望が強かった。そして、本の題名が示すように、子どもたちと心をかよわし、豊かな人間関係を築いていくことができたらと願っていた。

精神薄弱学級という看板をかかげてはいるものの、子ども一人ひとりの発達の違いがこんなにもあるのかと驚かされた。特に、ことば（話しことば・書きことば）・かず・からだの動きには個人差が明らかに浮きぼりにされ、私にはどう指導していけばよいのかという教育方針が全く立たなく、ただわからないまま出発していた。障害の程度差という壁をつき破っていく授業ができないものかと思っている中で、手労研の『子どもに遊びと手の労働のすばらしさを③乳幼児期の実践』（あすなろ書房）という本を読んだりしていた。その中に、「手の労働（工作）でものを作る場合、単に作っておしまいというのではなく、作ったもので遊べるという見通しがあるなら、子どもはいっそう作ることに熱中します」という指摘があった。これまで作品の完成ばかりに目を奪われ、そのために子どもたちの出来不出来、作るのに早いか遅いかにばかり気をとられていた自分に気がついた。確かに、発達の違いからくる作品の上手下手はあるだろう。しかし、作成されたあとにいっしょになって遊ぶということに重点を置いて指導したなら、異年齢・障害の程度差のある子どもたち同士が交わることができ、授業が楽しくなっていくのではないかということを学んだ。

"めだか"3号

－美術－

5月25日（水）、2時間目と3時間目を使って「トントンずもう」をつくりました。大きなおすもうさんがあったり、小さくてもなかなか負けないおすもうさんもありました。みんなの中で、画用紙を家にもちかえって次の日に、もっと強いのをつくってくる子もいてとても楽しかったと思います。先生は、指先を動かして紙ざいくをつくり、それで遊ぶことができるのがたいせつだと考えています。

見通しをもたせながら

"めだか" 4号

－数学－

　さいころ作りをしました。じょうぎを「1・2・3…30」と数え30センチ。それから線をまっすぐひいていく。今度は、いつものようにはさみの登場。「線の上をよく見て切ってよ」と先生。目と手がいっしょに動くのってむずかしいかな。

　数学でのさいころ作り。M.I は、指を曲げながら 10 まで数えようとするが、途中で数と指の曲げた本数があわなくなってしまう。私が、「うまくいかないね」と話しかけると、ニコッと笑いかえし、がんばって数えていく。M.I は卒業するまであと 1 年足らず、私はなんとかひらがなと数の概念を獲得させてやりたいという願いをもっていた。さいころ作りは、できあがってから人間すごろくというダイナミックな遊びに発展するように設定していた。子どもたちは、すごろく遊びを教室の半分ぐらいの広さでできるという「大きな見通し」をもっていた。人間すごろくへの展開には、「教具（遊具・玩具）には、子どもたちがそれで何かしたくなるような気をおこさせる誘発性がなければならない」（森哲弥の『障害児の遊びと手仕事』（黎明書房））という点を学ぶことができたというきっかけがあった。

　ところが、M.I や T.I はそうした「大きな見通し」をもつことはできたのだが、さいころを製作する過程で、いろいろなつまずきがあった。M.I は定規で線をひくこと、T.I は線の上にそってはさみを入れることに苦心していた。私が横で「同じようにやってごらん」と呼びかけるが、M.I や T.I には横を見ながら同じようにまねることが難しいのだ。まねるのではなく、自分からできるようになってほしいと願うが、どうすればよいのか。こうした疑問が私から離れなかった。

　ところで、M.I のひらがな指導で当初は既製の原稿用紙を使用していたが、ます目が小さいのではみ出してしまいかなり難しいように思われた。子どもに合ったという発想から、ます目の大きな原稿用紙を作成し、そこに 50 音をつたわせていった。

　M.I は、指先に力を入れて鉛筆を持てないので、うすく「い」「く」「り」などをつたっていく。しかし、「あ」「き」「な」などは無理であった。このひらがなの練習から、交点の多い字や曲線のある字には迷いをしめすことに私は気がつかされた。つまり、交点のところへくると上下左右どちらへ書いていったらよいのかということが理解できていなかったのである。先のさいころ作りで、線をひくことやはさみで切ることにつまずきをもっていたこととあわせて考えると、どこからどこまでいくのかという出発点と終点、「近い見通し」をもつことができないことを学ばさせられた。そこで、数学の図形や美術や技術の中で、数本の線を見せずに一本のみを切ること、大きな点と点を結ぶことを重ねて学習させていった。と同時に、体育ではソフトボールをホームベースから 1 塁ベースのみへ走るというルールでやったり（"めだか" 9 号）、理科では磁石をもたせて教室にあるものでくっつくものをさがさせたり（"めだか" 7 号）、「生活の中で見通しをもちながら」ということを意識して学習を続けていった。

生活と結びつきながら、ひらがなを獲得させる難しさへと

　数や文字を獲得させるために、見通しをもたせつつ手指を動かすことをあわせて、ダイナミックにからだ全体を動かすことをやってみようと思った。人間すごろくは、スタートからゴールめざして数えながら自分で動いていく、黒板全部を使って 1 m 四方の大きなひらがなを書いていく、そんな繰り返しをやり始めたのであった。5 cm 四方のます目の中でひらがなを練習することの限界性みたいなものを感じたりしてい

た。子どもたちが、からだ全体を動かすことが数や文字を獲得していくことにつながるのではないかと思うようになっていた。

"めだか" 8号
－みんなの作品から（M.I）－
　　ひらがなかけたよ！
　　授業が急におもしろくなってきたみたいだね。よかったね。家でつくった練習帳をまた見せてね。少しづつ交点の多い字や曲線のある字もとり入れていこうよ。字の練習とあわせて指やうでを動かすこともやっていくよ。

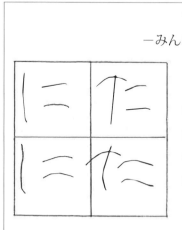

　M.I は、7月初めにつたい字ではなく自分で「た」「に」という文字を私の目前で書いてくれた。私は、すぐにクラスのみんなにその文字を見せてまわり喜びあったりした。M.I は4月当初に比べ、少しずつではあるけれども、ひらがなを書くことができるようになってきた。M.I は家庭でも練習帳に書いては学校に持ってくるようになった。こうした子どもの姿は私を勇気づけてくれた。

　文字を教えたいという親の願いに答えて、私もなんとかことばを教えたいと思っていた。だが、一面で私は M.I が書くことができるようになってきた文字が、機械的に覚えているように、文字が死んでいるように思えてしかたなかった。「子どもは生活に対する意欲、関心、興味と結んで、そのとき言葉をわがものとする。言葉を発しなくてはならないぎりぎりの生活にとっくませること、それが生活をたかめるとともに、言葉の教育と結びつく」（黒藪次男・豊子の『言葉をそだてひとを育てる』（民衆社））「ことばもまた、子どもたちの生活感情・感覚・感動をくぐりぬ

けてはじめて身につく」（竹沢清の「生きる意欲につながることばの獲得」（日本標準）・川合、本荘、内藤の『生きる力を育てる』（ぶどう社））という指摘に学びながら、なんとか子どもたちの生活の中で必要とすることばを教えていくことができないものかと考えさせられる。子どもたちの要求とことばをつなげるという難しい課題をもちつつ、自発的に発することばを大切にし文字を獲得させたいと思っている。

　（M.I は、10月になって、しりとり遊びで「とけい」ということばをクラスみんなの前で書くようにはなったが……"めだか" 18号）

先生お元気ですか。わたしはとっても元気です。長い夏休みで毎日たいくつで困ります。早く学校に行きたいです。おおきなじをかきました。ごめんなさいね。

（K.Y の暑中見舞いより）

22

（3）2 学期の中から（"めだか"12 号〜 27 号）

<u>バラバラの集団の中で</u>

　9 人の子どもたちには、障害の程度の広がりがある。K.M は、普通学級の授業についていくことができないという理由から 1 年生の途中から私の学級へ入級してきた子どもであった。だから、他の子どもたちと比べると、知的障害というより学習の遅れが顕著であるという子どもである。K.M は、しばしば他の子どもたちに向って「こんなことができないの」といった言葉を発していた。K.M の母親からは、家庭訪問のたびに「障害児学級にかわってから、子どもの表情が明るくなってきました」と聞かされる。K.M にとってはこれまで普通学級で劣等感を味わってきたのであるが、障害児学級に入級してからは「クラスの中で何でも一番よくできる」という気持ちにかわったことは確かであった。私は、母親の言葉に複雑な気持ちで聞くことがあった。K.M にとって障害児学級へかわったことは劣等感からのがれることはできても、かえって優越感にひたって他の子どもたちへの思いやりに欠けるようではと危惧したのだった。劣等感からの解放も大切ではあるが、子どもたち同士の関係の中で平等・対等な関係を作っていくことができないものかと考えさせられた。K.M の冷たい口調へ私は叱責という形で応じていった。しかし、そうした対症療法のやり方では、根本的な解決につながらないと感じていた。

　一方、子どもたちの日常の生活をみていて、一人や二人の小人数になったとき、さっぱりと行動できないという場面に出くわすことがあった。そんなとき、やはり集団の教育力をきちんと組織しなければならないと思うのであった。

<u>話しあいの時間を意図的に</u>

　2 学期になって、なんとか集団づくりができないものかという期待から金曜日の 6 時間目を特別活動の「はなしあい」と称して意図的に時間

を設定していった。

　係活動の種類を私から決めるのではなく、子どもたちに 1 学期の活動状況もふまえて出させてみた。やはり、K.M のように学力の高い子から「あいさつ」「お茶・牛乳」「学級日誌」という声があがった。その中で T.I から「先生に聞きにいく係」という意見が出た。(" めだか " 13 号」) 1 学期から教科指導に力を入れてきた私にはうれしかった。子どもたちの中に明日何が教えてもらえるかという期待が育っていることに気がつかされた。そして、私は子どもたちにその係名を「教科係」と名づけて新設し、これから大切にしていこうと言った。T.I の発言が、学級のみんなに認められ「教科係」には A.O や Y.K がやっていきたいという要求を出し建設的に進んでいった。このとき、T.I のように 10 までがなんとか数えることができる子どもでも、指導いかんによっては子どもたちの主人公になることができるのだなと思った。

　また、体育大会があと 2 週間後に迫ってきたとき、私は「はなしあい」の時間で子どもたちに自分の出場したい種目をあげさせた。子どもたちから「100m 走」「200m 走」「600m リレー」があがった。私は、K.M に「1500m 走に出場してみては」と何気なく話しかけてみた。(" めだか " 17 号) K.M は自信なさそうに「何周走るの」と聞いたあと、私に「出てみる」と小声で言ってくれた。通常学級から入級してきた「障害児学級の優等生」と通常学級の子どもとの対決であった。私は、K.M が 1500m 走に出場し、通常学級の子どもたちと劣らない力をもっていることを確認させたかったし、私の学級のみんなが K.M のために、クラスのために必死になって応援してほしいという期待をこめていた。それは、全校に対して障害児学級でもこれだけのことはできるのだということを知らせていきたかったこととも関係していた。K.M が私たちの学級の前のトラックを走るたびに、みんなで応援する姿に感激した。そして、K.M は中位の成績でゴールに入った。K.M の「つかれたよう」という声は、す

がすがしかった。（その後、K.M は 3 月に名古屋城の周囲を走るシティ・マラソンに積極的に参加していった。"めだか" 39 号）

　かつて、教育学者の小川太郎は「子どもの集団を育て、子どもの集団主義的な態度や習慣や能力を育てるには、一次的な要求の組織ということをかならず通さなければならないだろう」と指摘し、この「一次的な要求の組織」として「遊びや文化的・スポーツ的な集団活動の要求を組織する」ということを論じた。（『小川太郎教育学著作集』第 4 巻（青木書店））こうした指摘に一方で学びながら、子どもに要求を出させ、それを組織していくことが学級集団づくりでは大切であることを、「はなしあい」の時間という実践からも学ぶことができた。

"めだか" 19 号

－たすけあい－

　みんなの前で、先生が大きな声でおこったことがありました。それは小川学級の中でも優しさに欠けることをやっていたからでした。最近は、こうした先生のかみなりは少なくなってきたね。みんなが、ボタンをはめあったり、服のみだれを正しくしあったりしているからだね。たすけあいをしている姿は先生をにっこり笑わせてくれるよね。

"めだか" 21 号

－せいとかいやくいんせんきょできまる－

　はじめてせんきょをやったね。みんなは、せんきょようしをもって「おもしろいなあ」と言いながらニコニコ顔。いっしょうけんめいだれにしようかを考えて、自分の書いたのが見られないようにかくしながら持ってきたね。3 人の人はがんばって！

　室長－K.K　　体育委員－T.I　　保健委員－T.T

　こうした中で、K.Mが他の子どもに冷たいことばをかけることはほとんど見られなくなってきた。だが、集団の質を高めていくにはどうすればよいのかといったことが今後の大きな課題であろうと思われる。子どもたち同士が要求をつきつけていくような、相互批判のできるような集団の段階にまで高めていくことができたらと願うのである。

4．おわりに

　今回の発表は、昨年の自らの実践を振り返り総括してみようという気持からおこなった。しかし、力量のなさから報告の中身がまだまだ薄いように思われてしかたがない。障害児学級1年目の若手教師の取り組みとして位置づけていただけるなら幸いである。

　最後に、愛知障害児教育研究会の会報（19号）の書評欄に「昨今、子どもの生活と教育の乖離の状況が問題となっているが、『生活と教育の結合』の視点のとらえ返しが障害児（者）教育・福祉の場から改めて求められているのではなかろうか」と指摘させていただいた。1960年代「『生活と教育』におけるすべての障害者の権利保障を発達という視点で結合させ」（平野日出男・河添邦俊・戸崎敬子『重複障害児の教育』（青木書店））た経過に学び、「教育実践に共感と科学を」もちつつ今後も障害児の発達を保障していきたいと考えている。

第2章　中学校の障害児学級における進路保障をめざす教育

1．進路をめぐる問題点

（1）進路での行き場の限られた状況

（ア）本学級の卒業生の開級後の進路

　表2-1は、昭和39年に本学級が開設されて以来の卒業生の進路先をまとめたものである。（ただし、卒業生によっては転職・再就職している場合があるが、ここでは卒業直後の進路先のみとしてある。）

表2-1　本学級の卒業生の進路実数

進路＼年	40	41	42	43	44	45	46	47	48	49	50	51	52	53	54	55	56	57	58	59
就　　職	5	1	7	2	4	6	1	1	2	1	1	1		1	2	1		1		2
職業訓練所				1					3											1
作業所・授産所									1	1					2	2	4	1		
進　　学							1	1						1	2					1
家　　庭					1		1						2		1					1
各 種 学 校	1													1						
そ の 他						1														
合 計 人 数	6	1	7	2	6	6	4	2	6	2	1	1	2	2	6	3	2	5	1	5
男　　子	3	1	2	1	5	4	2	1	1	2	0	1	0	1	3	0	1	3	0	3
女　　子	3	0	5	1	1	2	2	1	5	0	1	0	2	1	3	3	1	2	1	2

表2-2　本学級の卒業生の知能指数

IQ＼年	40	41	42	43	44	45	46	47	48	49	50	51	52	53	54	55	56	57	58	59
90以上					1	1														
80台			1		1	3			1				1							1
70台		1	1	1	1		1													1
60台	2				1			1								1				1
50台	3		4			1	2		3		1	1	2	1	2		1	1		
40台	1			1	1	1		2	1						4	1	1			
30台					1												1		1	
20台																		1		
測定不能							2											3		

　表 2-2 は、知能指数（IQ）の結果を大まかにまとめたものである。

　表 2-1 から、本学級では特に就職していった生徒が昭和 40 年代の前半には圧倒的に多かったが、昭和 40 年代の後半からは就戦していった生徒は減少していき、作業所・授産所へ入所していった生徒や進学していった生徒が加わっていることがわかる。表 2-2 から、本学級の卒業生の障害の程度が、重度化していることを明らかに読みとることができる。知能指数 60 以上の卒業生は、昭和 40 年代後半以降にはごく少数になっている。

　表 2-1、2-1 を重ねて見てみると、障害が重度化するとともに就職していく生徒の数も減少していき、作業所・授産所への入所が年を追うごとに増えている状況に変化している。

（イ）愛知県及び全国の進路実態

　表 2-3 から、愛知県下の卒業生の進路実態と全国のそれとを比較してみると、愛知県下の特色として、①進学する割合がかなり少ないこと（愛知県下 27％－全国 42.7％〔B/A〕）②教育訓練機関等入学及び就職する割合が多いこと（愛知県下 21％－全国 12.9％〔C/A〕、愛知県下 46％－全国 33.9％〔D/A〕）があげられる。

表 2-3　愛知県及び全国の障害児学級（中学校）の卒業生の進路実態

	卒業者総数 A	進学者				教育訓練機関等入学者					就職者		無業者数		
		高等学校	高等部	計 B	B/A	専修学校	各種学校	訓練施設等公共職業	計 C	C/A	就職 D	D/A	児童福祉施設	医療機関等 E	E/A
愛知県下	570	42	110	152	27%		122		122	21%	265	46%	31		6%
全国	11,942	2,815	2,287	5,102	42.7%		1,541		1,541	12.9%	4,053	33.9%	1,246		10.4%

（出所：愛知県教育委員会『愛知県特殊教育資料』及び昭和 59 年度『精神薄弱者問題白書』1984 年）

　こうした愛知県下及び全国の動向の中で本学級の実態を考えてみると、大きな問題点をかかえる。先にみたように、本学級の実態として、障害の重度化にともない就職する数が少なくなっていること、進学する数が多くなってきていることがあげられた。ここ3年間には、養護学校高等部への希望者が毎年必ずいたりする。ところが、愛知県下の進学する割合が低い実態とあわせてみるなら、卒業生の中には進学をめぐって進学の道があるべきものの実際にはそうなっていないという矛盾を抱え込まなければならなくなるケースが出てきている。

　今後、後期中等教育における条件整備、教育権保障の理念を確立していく課題が残されていると考えられる。

（2）進路の狭さからくる不安

　教師が親や子に進路指導をしていく時、それぞれの親がいろいろな考えをもっていることが個人懇談を通してわかる。普通児と同じようにわが子も進学させたいという願い、高等部卒業後にも同じ進路をめぐる悩みを抱えるなら進学するより作業所等の施設へ入所させたいという声などである。そのような事態に直面したとき、教師は親とともに、高等部3年間の教育で子どもにどれくらい力がつき進路の保障が必ずしもなされるのか、あるいは作業所や授産所の定員に空きがほとんどなく新設の作業所や授産所が現住所の近くにできるのかといった悩みにつきあたる。

　市内のこれまでの進路指導を見ると、たとえ就職や進学ができたとしても、生徒の要求や発達とは無関係にあてはめられたものの場合も少なくない。

　こうした進路の狭さからくる不安は、障害児や親だけでなく教師にも重くのしかかっており、障害児教育の中身の充実を停滞させているに違いない。この厳しい現状の中で、学校ではひとりの障害児が人間らしく豊かに生きる力の基礎をしっかり身につけていくことを願って、「すべての障害児に豊かな進路を」保障できる教育内容をめざす課題がある。

２．進路保障をめざす教育　−労働体験を教育的に組織しながら−

（１）具体的目標

（ア）将来への見通しや希望を育てる

　　生徒の中で、「卒業したら○○になりたいのだ」と聞くことがある。このような発言をできるだけ多く出させたい。夢や希望を大切にしながら、卒業後の見通しを自分でもつことができるようにしなければならない。

（イ）仕事する意欲や要求を育てる

　　生徒に「働くことができないのだ」という働くことへのあきらめをもたせず、体を動かし仕事を終えた充実感やさわやかな気分をできるだけもたせ、卒業後に働くことを苦にせず、力いっぱい働くという意欲や要求を育てなければならない。

（ウ）仲間とともに働く力を育てる

　　学級集団の中で、助けあい、教えあい、力をあわせて仕事をやりとげていくことが大切であると考えられる。仕事場とあわせて考えるなら、自分の仕事の目標や自分の役割・責任をはっきりさせていかなければならない。

（エ）基本的な知識や技術を身につける

　　素材の性質や用途、道具や機械の構造や使い方を職業実習の場で学ばさせなければならない。一定時間仕事を継続して行なう力、手や指を協応させる力、できるだけ正確に行なう力、他の人との協調性を身につけさせなければならない。

（２）具体的内容

　以上のような具体的目標を達成させるためには、すべての教育活動の中で追求されなければならず、中学校の障害児学級では、教科指導や係活動、自主的な活動を含む生活指導とあわせて、労働（仕事）

に視点をおいた指導を組織する必要があると考えられる。学校の中で経験させる労働（仕事）を次のように設定している。

（ア）木材（金属）加工

　　生徒の力を考えながら、かなづち・のこぎりなどの道具から機械までを使用する。素材の性質や道具や機械の使い方を学んだりする。加工し製作する過程で、正確に長さをはかる、切る、打つなどの技術の基本を学ぶのに適している。

（イ）紙・布加工

　　加工しやすい素材に、はさみ・カッターナイフ・のりなどの身近な道具を使用する。（ア）の木材（金属）加工に比べ子どもにとって作りたいという身近なイメージをもたせることができる。

（ウ）粘土加工（窯業）

　　粘土のやわらかな可塑性は、生徒の障害の程度に応じそれぞれのとりくませ方を可能にする。感覚を通して、創造的な作品をうみだすのに適している。イメージと手指の操作性が大脳の活性化に役立てている。

（エ）調理

　　生徒は食べることができるという楽しみをもちながら、労働（仕事）への見通しをもつことができる。生徒がそれぞれの役割・責任を感じて集団で取り組むのに適している。

（オ）農芸

　　からだ全体を使って汗にまみれて経験させ、労働（仕事）の厳しさ、農芸をしたあとの充実感をもたせなければならない。

（カ）そうじ

　　学校生活の中で一番身近な労働（仕事）をする場面である。

（3）授業での子どもと教師

　　－見通しをもたせ、繰り返しの学習をしながら－

　製作するにあたって、「教室に役立つものを作る」「作ったあとで遊び利用することができる」という見通しを充分に子どもたちにもたせ、授業を行っていく。子どもの中には、はさみで線に沿って切れない子、ひもが結べない子、かんきりが使えない子などがいる。しかし、子どもに近い見通し（たとえば切り終わる所に印をつけてやるなど）をもたせて、繰り返しの学習を行なうと確かに子どもは一歩ずつ力を身につけていく。そして、これまでできなかったことができるようになるにつれ、自信をつけ意欲的に取り組むことができるようになる。子どもの意欲や感情という内面を大切にしてやりたい。障害の重い子には、たとえば写真や絵といった視覚入力を使って、完成までの工程がわかりやすくするという配慮が必要になってくると思われる。

　　－完成した喜びをもたせながら－

　たとえば、これまで上手に扱えなかった道具を、少しずつ巧みに操作する力をつけていくが、きちんと子どもにできるようになってきたと評価してやりたい。さらに、作品ができあがったところで、学級の仲間の中で感想を出しあい、喜び、次にどんなことをやりたいかを子どもたちに話しあわせていくことも大切である。

第3章　内面をたいせつにゆたかに
－問題行動をもつＳ君と出会って－

1．発表するにあたって

　昨年の子どもの遊びと手の労働研究会第11回全国大会（障害児教育分科会）で、「子どもたちと心をかよわせる－学級通信"めだか"の1年の歩みを通して－」と題する実践報告を発表した。その後、同じ実践報告を私が所属する愛知障害児教育研究会（愛知県立大学・田中良三先生らを中心に活動）で報告したとき、同じ事務局を行う先輩の先生より「子どもの内的世界を表現するように」と指摘された[1]。本実践報告が「内面をたいせつにゆたかに」と題したのは、こうした経過があったからである。

　まだ力量のともなわない発表であろうが、本実践報告をまとめあげることで自らの教育実践をとらえ直して、今後の教育実践を行う上での踏み台になればと考えている。また、数少ない障害児学級の実践記録のひとつとして何らかの役に立てば幸いであると思っている[2]。

　昭和60年度、私の学級は新入生のＳ君を含め男子6人（3年生3人・2年生2人・1年生1人）でスタートした。小学校の「特殊学級[3]」を卒業し、ピカピカの学生服を着たＳ君と「格闘」する日々が始まった。この1学期のあいだ、障害児学級の担任である私が、知的障害であり、精神障害も併せ持つ「問題行動」をもつＳ君に出会い、指導に悩みつまずきＳ君の内面を見つめることの誤りや足りなさに気づかされていく過程であった。

2．Ｓ君との出会い

　昭和59年の秋、母親とともにＳ君は私の学級を見学にきた。ちょう

ど美術で折紙を行っていた。椅子にすわったS君は落ち着かないのか授業中にもかかわらず、私や母親に大きな声で話しかけてきた。授業後の面接で私の質問に返答し、漢字と計算のプリントをこなすS君。一方で、関連のない事柄を急に一方的に話し始めたり、「中学校では何をやるのだ」と強い口調で聞いてきたりしていた。時に、母親はいらないことまで言おうとするS君の言葉を打ち消すように接していたのが印象に残った。これが私とS君の出会いであった。小学校のとき同じ障害児学級で学んできたI君やK君は、S君が初めて教室に姿を現わしたとき少し警戒するかのような表情をみせていた。S君が教室を出たあと、K君が「S君入ってくるの」と嫌そうな声で私に聞いてきた。K君にしてみれば、いやだなあ、また変な思いをさせられるかもと言わんばかりだったろう。しかし、私はこのときK君がどうしてこのようなことを聞いてくるのかわからないままでいた。

　4月4日の入学式、新1年生が整列する中、S君はひとりで列の端に立っていた。式の最中に勝手にテレビのコマーシャルなどのひとりごとを言っている。学級指導を終えS君と母親と私の3人は門まで歩いてくる。別れるとき、母親はS君との距離を置いて打ち明けるように「この子は、時に弱いものいじめをすることがあります」と私に話しかけてきたのだった。翌日始業式、S君を含めて学級全員が顔をあわせる。式後、K君はS君を避けるように離れて歩いていた。私はそんなK君の姿を見て、秋に初めて見学に来たときのK君のもらしたことば、そして昨日のS君の母親のことばを思いうかべ、初めて弱いもの扱いの対象となっていたK君の気持ちがわかった。帰宅するとき、S君はK君に「2人でいっしょに帰る」と誘ったが、K君は「3人で掃る」といやがった。私はK君の言う3人とはだれなのか気になったが、「みんなそろって帰りなさい」と指示をした。

3. S君の問題行動

　私は、4月の第1週に「話しあいの時間」（昨年度まで実施してきた自治活動）を設け、今月のクラス目標を決めさせようと思っていた。6人が顔をあわせたのもまだ2～3日だというのにこのような時間をとったのは、学級の子どもたちがはやくまとまっていくようにという願いからだった。ところが、子どもたちを目の前にすると、クラス目標は「なかよくやろう」という私のあらかじめ用意した提案を一方的に承認させるという形になってしまった。さらに、私はS君に「なかよくとはどういうこと」と質問していった。S君は「力をあわせること」と答えてくれたが、私にはS君を要注意でマークしなければならないというあせりが先立っていた。私の口調は「弱いものいじめをしてはいけないぞ」という警告になっていた。当初思っていた願いがS君を目の前にして警告になってしまったのだった。

　そして、次の第2週に大事件が起きたのだ。登校してきたS君はいきなり通常学級の女の子らの頬をピシャーンと平手で強くたたいたのだ。私は職員室から教室へ向かう途中、数人の教師が泣きふせている女の子に話しかけているところに出くわした。S君はその近くに何もなかったかのような平然とした表情で立っていた。その場で、私は「たたいてはいけないではないか」と激しい口調でしかりとばした。まわりの教師もS君に厳しく迫っていった。さらに、教室へ戻って同じようにS君を押え込むような調子で私はまくしたてていた。S君はただ「あら君」とだけしか言えないでいた。この事件を発端に、職員全体に「今年の小川学級にはおかしな生徒が入ってきた」という印象を、生徒に「近づくと何をされるかわからない」という危機感を与えてしまった。口うるさい接し方を受けたS君は、同じような行動をしたり、学級内で突然パニックをおこしたり、障害の程度の重い子どもに外傷を与えたり、言語に障害のある子どもを馬鹿にするようになっていった。弱いものばかりを対

象にしてと私は腹立たしくなるのだった。ものをぶつけたり、教室内の
ロッカーを蹴とばしたり、机や椅子をひっくり返すということも起って
いった。学級の子どもたちは、昨年までにいなかったタイプの子に驚い
たり、S君がイライラしている日には恐れを抱きS君の近くの席に座ろ
うとしないようになった。たたかれ目いっぱいに涙をうかべて私の顔を
みつめ「先生、どうにかしてくれよ」と訴えたそうなI君。中には朝登
校するのをいやがる子まで出てきてしまった。まさに、学級は暗礁にの
りあげたまま日が過ぎていった。

4．指導に悩みながら

　大事件の日、私はS君の家庭訪問に出かけ、母親から家庭での生活や
生育歴を聞いていった。かつて読んだ『児童心理学試論』の中の「生活史
ないし、生活リズムや生活構造との関連で、その問題行動の発生と発展
を検討[4]」という文章を思いうかべていた。さらに、小学校のS君の障
害児学級担任からも当時の様子を聞いていった。それらの話はS君が非
常に情緒が不安定な子であるということだった。ところが、そのような
話から目の前にいるS君への指導の手がかりが見つかるわけではなかっ
た。

　とりあえず、4月15日から日記帳を書くように言った。S君の心を
少しでもつかむことができるのではないかと思ったからである。家庭訪
問をするとS君は「生活しにくる」と言って、もう2度と来てほしくな
いと言う日が続いた。

　5月になって、教室でのS君は、やはり授業中に突然「犯人、丸山」
などその場に関連のないことばを言ったり、教室の中をぐるぐる歩き回
ることがあった。あるいは、手を顔の前でヒラヒラと動かす行動をする
こともあった。私は、S君のこうした行動を押え込むというやり方で「今
は○○○の時間だから□□□してはいけない」としか言えなかった。だ

から、私とＳ君の関係は悪循環になっていった。だが、子どもたちが帰ったあと振り返ると、黒板やわらばん紙に人の名前や「こんどたたいてやる」ということを書くことを「落書き」としてやめさせるべきことなのだろうかと思うことがあった。心のどこかに割り切れないものを残していた。

　Ｓ君は学級の子どもたちにうそをつくことがあった。私は「うそつきはどろぼうの始まり」と全員に話してＳ君にやめさせようとしてきた。Ｓ君とは「うそつきは何の始まり」「どろぼう」という問答が続いた。Ｓ君の能動的な心の動きを狭く貧しいものにおしとどめがちだなと感じつつこんなやりとりしかできないでいた。

　学級の子どもたちがＳ君をいやがる姿を見て、子どもたちにＳ君の悪いところばかりを見させるという教師としての力量のなさが情けなかった。

　ところが、日記帳点検をするとＳ君は毎日欠かさず提出していた。4月15日（月）「今日は、学校から帰って一人でやきそばを、つくって食べました」と書き　　　というおさらの絵。16日（火）おふろのそうじ　　　の絵。17日（水）学校での算数のべんきょう　　　の絵。18日（金）学校でのクッキーづくり　　　の絵…と続く。私は毎日提出してくることに驚き、もう一方でＳ君の書く文章や絵には人間が登場してこないことを気にしていた。

　また、Ｓ君が関係のない子どもをたたいたりする時、どういう時に起き、その時の言動はどうなのか、どういう働きかけの場合にかえってひどくなるのかといった目で見つめ直してみることにした。気がむしゃくしゃしているときのＳ君は、人の名前を言ったり黒板やわらばん紙に書きまくることがよくあった。

5．集団へ参加する

ボールがないこと

　4、5月のS君の放課の過ごし方を見ていると、学校の中を歩くこと、ひとりで遊んでいることがめだった。学級の他の子どもたちが健常児らといっしょにバスケットボールやサッカーをやっていてもS君はその仲間に加わっていなかった。しかし、5月も終ろうとするころ、学級の他の子どもたちがサッカーをやっているときにもう1つのサッカーボールもないときがあった。S君はときに「ボールを持っていっていいか」と私に聞いてくることがあった。S君にとって、同じサッカーボールを使っていることに象徴されるように学級の他の子どもたちといっしょに遊びたいのだが、自分から遊ぼうと上手に言えない状況があったのではなかろうか。私は他の子どもたちと遊ぶという関係がへたなのではないかと思えてきた。確かに学級の中ではいろいろな問題行動を起こすS君ではあるが、学級の他の子どもたちはいつかS君を仲間として迎え入れてくれるであろうという願いがあった。

離れて参加

　そこで、私は昼放課になると学級の他の子どもたちとボール遊びを行うようにしていった。S君はそんな私たちの動きを距離を置いて見ていた。初めのころ、私がS君に「いっしょにやろう」と働きかけると逃げてしまっていた。あるときには校舎のかげに走っていくこともあった。だが、時に私たちの方へ寄ってきて距離を縮めるということもあった。こんな私の学級の昼放課を見て、他の教師の中に「S君は」と気にかけてくれる人も出てきた。私は、「そのうち、いっしょに遊ぶようになりますよ」と答えていた。S君には遊びの楽しさをうらやましく思う気持ちの変化があるにちがいないと思い、無理に集団に誘い入れることだけはしないでいた。

集団への接近

そのうち、S君はたまたま自分の方へころがってきたサッカーボールをさっと蹴とばして、シュートを決めようとするしぐさを見せるときがあった。学級の他の子どもたちにしてみれば、せっかく遊んでいるのにS君に邪魔をされる、勝手に遊びに加わってくると思えたのであろう。あきれて運動場にすわりこんでしまい、S君だけがサッカーボールを蹴っているところを職員室より窓ごしに見ていた。私はまだ集団に入りきれていないけれど、S君なりに自分から学級の他の子どもたちにかかわろうとする行動が見られるようになっており無理して集団に入れなくて良かったと思った。S君は徐々にではあるが、集団に参加することができるようになってきている、それはかつての問題となるかかわり方ではなく。

6. 人間関係を結ぶ

まわりの子どもたちを変えていく

6月中旬のある日、S君は朝職員室へ駆けてきた。私が「どうした」とたずねると「Y君が」と答える。教室へ走っていくとY君は39度の発熱のためぐったり。S君は保健係という役割を自覚して行動していた。私は、学級の他の子どもたちには気づいていないことで、S君にはしっかりできていることを見つけてみんなの前で発表してやろうと思った。それは、学級の他の子どもたちのS君への見方やとらえ方を変えれば、S君自身ももう一つの壁を乗り越えて集団へ参加することが可能になるのではなかろうかと考えたからだった。帰りの会でS君が自主的に窓を閉めている事実、調理実習のとき残飯を進んで片づけている事実などを見つけてかなり評価してやった。それに、欠席した子どもの分の係活動をS君にたのんでいった。こうしたS君のがんばりに対して毎週ひとりもらえる「がんばり賞」（学級の表彰状）をあげていった。学級の他の子ど

もたちの中に「だれ」「もしかしたらS君がもらえるかも」という声があがっていた。S君は大きな声で「やったあ」と喜びをからだいっぱいあらわしていた。みんなの中でS君が認められるということでさわやかな感じを与えていった。4、5月のころに比べると、S君の行動にぎこちなさが少なくなってきているが、もう一歩みんなと溶け込むことができるようにするにはどうすればよいのか、なかなか手がかりがつかめないでいた。これまでの障害児教育実践の成果から、発達に集団保障は不可欠で、集団の教育力が必要であるといわれている[5]、なんとしてもS君には集団での子どもたち同士の響きあいを体験させたかった。

S君にとって応じやすい状況とは

　学級の他の子どもの母親と話をすると、S君のことが出てくることがある。ある母親はS君の口調を「きつい命令調で話すことがありますね」と言う。このような話を聞くと、S君には人間関係を結ぶようなことばを身につけさせなければならないと考えさせられた。そこで、7月3日〜5日の野外キャンプ実施までの学級の事前学習での盛りあがりを利用して子どもたちにいろいろなことを話しあわせてみようとした。「話しあいの時間」で野外キャンプの準備で何をやらなければならないかを出させていった。その中で、S君とK君はカメラ係をやりたいと主張し、結局S君がやることになっていった。

　直接相手に自分の思いをぶつけていくことが苦手なS君が、カメラ係という役割を果たすことで人間関係を少しでも結ぶことができるようになってくれたらと期待していた。私の考えを連絡帳などを通してS君の母親へ伝えると、カメラを購入してみるという返事が返ってきた。このころの学級をみると、以前ならS君を警戒し避けようとしていたが、自分の気持ちをS君に話しかけていく子どもがいるように変化してきた。他の子どもたちからのかかわりに対してS君が応じやすい状況を意図的

に設定していくことが大切なように思えた。野外キャンプが近づくにつれ、S君は「カメラを買ってもらう」とみんなに盛んに言ったり、「いつカメラを持ってきていい」と聞いてきたりした。そして、前日指導では私の説明も半分聞きかのように、リュックサックからカメラを取り出しさわっていた。キャンプでのカメラマンS君は、木やテントだけを写すことがあったけれど、「ぼくが写す」と得意げに言って他の子どもたちと楽しくやっていた。

育ちあう子どもたち

　人間関係にもつれを持っていると考えられるS君が他の子どもたちに入りやすい場面をできるだけ作ってやることの大切さ。まわりの子どもたちがS君をとらえ返す、S君にもできるのだな、あのS君がというように気持ちを変えていく過程の中で、S君も変容してくる。こうした相乗効果に、学級の子どもたちが人間的に豊かになっていく姿があると子どもたちから学ぶことができた。

　7月も近づき学級では水泳が始まった。プールではS君を含めてみんなでビーチボールを使っている。かつてのS君なら、距離を置いて見ているか、ボールを横取りしているであろうに。また、「K君といっしょに水中ジャンケンをやる」と自分から要求を少しずつ表現するようになってきている。かつてのK君なら、弱いもの扱いをされるということで警戒したであろうに。

　S君の日記帳をみると、5月28日(火)「今日は、朝お父さんは会社へ行きました。おにいちゃんは、学校へ行きました。お母さんはおやの会へ行きました。」6月5日(水)「今日は、学校でくさむしりをしてきました。すこしつかれたのです。」6月12日(水)「今日は、一人でかいものに行きました。それから、にんにくと、ふくじんづけと、チョコレートをかいに行きました。うどんもかいました。」

　6 月 24 日（月）「今日は、外で、自転車にのって、あそびました。…ガムはかんでからすてました。」7 月 14 日（日）「今日は、おふろのそうじで、きれいになりました。それから、かぞくで、外へ食べに行きました。」8 月 8 日（木）「今日は、一人で南陽プールへ、行きました。それから、きのうの水曜日に、おふろのそうじで、きれいになりました。」などとなっている。4 月のころの日記と比べると、日々の生活の事実をしっかりと書くことができている。明日の学校への期待や家族で楽しかったこと、遊び、お手伝いといろいろな生活場面を書くように変化しつつある。

7．問題行動の意味を求めて

　私は指導に行き詰りながら S 君に働きかけてきた。その中で、問題行動をおこすのは、事実にそくして状況を判断する力の足りなさ。そして、直接相手に対して自分の思いや要求をぶつけていく、特にことばで要求することが苦手なところにあったのではないかと考えるようになっていった。S 君の良いところを学級集団の中で評価していくことは、これまで「問題をおこす子」というレッテルをはられてきた S 君には、やりたいことが発揮できるようになっていったのではないだろうか。自分でやりたいのにやれないという矛盾が解決されたのではないだろうか。S 君を苦しめてきた感情、あるいは混乱させてきた古い感情にかわって、喜びや成功感の適切な感情をひきおこしていく大切さがわかってきた。S 君がからだいっぱいに喜びを表現する姿に、他の子どもたちが S 君をとらえる目を変えていき、学級集団の高まりが出ていった。

　「内面に立ち入ってとらえることの大切さ」を、私は S 君との取り組みで学んだ。

注

1 その指摘は、教育実践記録に記述すべきことに関してであった。
特に、「子どもの活動とその内面の動き（内的世界）、教師の活動とその内
面の動きが、文化と集団とを媒介としながら、切り結んで記録」（坂元忠
芳『教育実践記録論』（あゆみ出版））されることの大事さが話題となっ
た。

2 森博俊は「障害児学級の実践や役割が、まだ必ずしも十分に深めきれてい
ない」という問題状況を論じている。（日教組『障害児の教育課程第2集
－障害児学級編－』）

3 愛知では、「特殊教育」「特殊学級」の名称が一般に広く通用している。
「『特殊教育』としてすすめられてきたその教育を批判・克服し、民主的で
科学的な障害児教育の創造」（大久保哲夫「障害児教育の特質」・『障害児
教育実践体系I』（労働旬報社））に努めなければならない。

4 長島瑞穂「障害と発達」（心理科学研究会『児童心理学試論　改訂新版』
（三和書房））

5 青木嗣夫『僕、学校へ行くんやで』（鳩の森書房）、青木嗣夫・松本宏・藤
井進『育ち合う子どもたち』（ミネルヴァ書房）など。

第4章　読み聞かせで生きる力を育てる
－書きことばの獲得をめざして－

1．はじめに

　「何のために教科を学ぶのか」という疑問は、障害児教育だけでなく健常児の教育においても聞かれる。この疑問は、教育とは何かという本質的な問題にもかかわってくる。教育は、「就職のため」というような狭い意味での「〜のためにする」ものではないと思う。

　中学校の特殊学級の指導形態は「職業生活に適応するために」作業学習を中心に据えなければならないと文部省（現文部科学省）は一貫して主張してきた。これは義務教育最後の段階ということで、職業についていくための準備が「作業学習」としてカリキュラム化されているのである。そこで、多くの学級が「立って長時間の作業ができるようになる」「パターン化した作業を黙々とできるようになる」等を教育目標に、時間割のかなりを「作業学習」の時間にあてている。だが、障害児だけが義務教育の最終段階だということで、職場適応にかなりの重点を置いた「作業学習」を行っていくということでよいのだろうか。

　ところで、従来の特殊教育観においては、認識の力をどのようにとらえ、位置づけたらよいのかという点については吟味されてこなかった。一方、科学的な障害児教育観においては、障害児の発達段階を「体・運動のレベル」「手・指の操作レベル」「言語・認識のレベル」における行動をめやすにしてとらえている。そして、知的障害の子どもの場合、他の二つのレベルに比較して「言語・認識のレベル」での落ちこみがあるとされる。だからこそ、人間として生きる力の基礎として、土台づくりとして言語をつけさせる取り組みが必要になってくる。教科学習の中で、ことばや認識力を身につけていくことは他者とかかわる力（社会性）をつけていくことになる。

　学校教育において子どもが「育つ」ということは、黙って働く態度を形成していくことではない。ことばを身につけ豊かにすることで、自分の要求を表現し、主体的・能動的に人と交流していくことができるようになっていくこともひとつの重要な教育目標のはずである。

２．ことばを身につけさせるための教育課程

（1）学級の子どもたち

　本学級の知的障害の子どもたちの日常の行動をみると次の特徴がある。

- ○ 教師が「きのう（今日）は何をしたかな」と尋ねると、「プールで泳いだ」等と答えることができるように、昨日・今日・明日という時空間の流れが言える。
- ○ 教師がほめてやる（評価してやる）と、さらに頑張ろうとしたり、活動が一定持続することがある。
- ○「ぼくは〜をしました。」という短い文章を書く。

また、

- ○ 黙読してイメージをうかべることは難しい。
- ○ 遠足・体育大会等主題をはっきりさせた作文はなかなか書けない。
- ○ 自分は相手に何を伝えたいかということを頭の中で考えて書くことはまだできない。

　これらの行動の特徴から、4歳半ごろの節目（発達の質的転換期）は越え9歳ごろの節目（発達の質的転換期）には到達していない子どもたちであると考えられる。小学校低学年（1、2年生）ごろの発達段階で、話しことばを駆使して書きことばの準備へと移行していく時期にある。

（2）教育課程づくり

　本学級の教育課程を編成するにあたって、子どもたちの実態から、話

しことばから書きことばへの獲得、数論理操作の獲得、体育や製作活動を軸に据えて考えている。秋葉英則は『子供に知的能力を』(清風堂書店)の中で、「体育ー図工・音楽を核にし、国語ー算数への広がりを」と学童期の教科構成について述べている。子どもの発達段階と秋葉の図示を参考にして、本年度の時間割は、国語 5 時間、数学 5 時間、体育 3 時間(朝マラソンは別に毎日行う)、製作活動 12 時間、音楽 1 時間、生活 2 時間、特別活動(クラブ活動と学級活動)2 時間で組んでいる。なお、できるだけ帯状にして、登校後を朝マラソン、1 時限目を国語、2 ～ 3 時限目または 3 ～ 4 時限目を製作活動、5 時限目を数学にし、子どもに「次の時間は○○の学習で△△の活動をやるのだ」という見通しをもたせるように配慮している。教科学習と製作活動を教育活動の重要な柱として、前者の活動を通して認識を、後者の活動を通して技能をつけさせることをねらっている。ここで製作活動というのは、子どもが真剣に取り組めるような「有用度」が高いもの(製作後に自分たちの生活で使う、役に立つ、遊べる)を作ることになる。さらに、頭も手も身体も使う全身的な活動として、集団で取り組むような「大型」なものを作ることになる。先に述べた「作業学習」とは異なることになる。ことばをつけさせる目的で行っている活動は以下である。

(ア) 教科学習、国語の時間から
　「聞く」「話す」という活動をしっかりさせた上で、次に「読む」「書く」という活動をさせることで、子どもはことばを獲得していくと思う。話しことばを獲得して書きことばの準備へと移行していく発達段階の子どもたちには、「聞く」「話す」力をつけさせながら、読んだり書いたりする活動を行うといった観点が大切になってくると考えられる。なぜならば、子どもにとって絵本を読んでもらうことは、それが絵本に書かれていても音声化されて耳から入るので、話しことばのようななじみがでて

46

くる。耳からことばを入れ、絵を手がかりにして情景や内容をイメージ化していく。また、次のページへの期待や思いも持つことになる。繰り返し読み聞かせを充分にしてもらった子どもは書きことばに慣れる点もあるからである。

「聞く」「話す」活勤を中心に

・絵本や紙芝居の読み聞かせ

「読む」活動を中心に

・詩や本を声を出して読む（教師が読むのを聞いてから、後を追って読む。自分一人で読むなどの方法。）

「書く」活動を中心に

・視写、聴写（文字を見てから、聞いてから書く。）

・先生あのね、今日の出来事、作文（教師が子どもと話をして、書こうとすることを引き出させて少しずつ文にしていく。）

・手紙（自分の伝えたいことを話し、文字にする。）

・ひらがな、かたかな、漢字の学習

　（イ）生活、特別活動の時間から

・学級通信を読み合う活動（学校生活を振り返る。）

・日記を読む活動（家庭での出来事を振り返る。）

・ことば遊び（しりとり、早口ことば、絵かき歌、回文、ことば集め、連想ことば）

　あくまでも国語という１つの教科学習の中でことばを身につけさせようとしているのではない。教師と子どもが日常生活で多くの会話を交わす、つまり、発達の土壌を培いながら教科学習の中で意図的にことばをつけさせていくことになる。

3．絵本や紙芝居の読み聞かせ

（1）ねらい

　ア　楽しさを十分に味わわせる。

　イ　絵を見せ、情景を思い浮かべ、イメージをふくらませる。

　ウ　喜びや感動を出させ、伝えたいという気持ちをもたせる。

　エ　「聞く」「話す」活動をした後で、「読む」「書く」活動をさせる。

（2）子どもを引きつける

　子どもたちに「絵本だあ、楽しみだなあ」という気持ちをもたせるために次のことを大切にしている。

　たとえば、『モチモチの木』の絵本の読み聞かせでは木の枝がおばけの手のしぐさをする場面がある（絵本①参考）。ここでは教師がこわそうに手まねをしながら「おばけだーぞー」と読んでやる。すると、子どもはたとえば、次にこの場面がめくられるのを期待したり、目をふせてこわがるようになる。同じ絵本の読み聞かせを1回、2回…と続けてく

絵本①

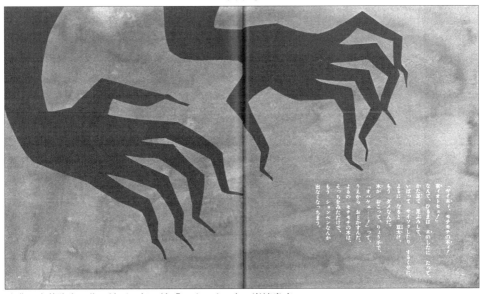

出典：斎藤隆介・作　滝平二郎・絵「モチモチの木」岩崎書店

ると、その絵本のストーリーを知り、絵から読み取るおもしろさを何度か味わうから楽しくなってくる。よい絵本には、ことばが絵に隠されているからである。また、子どもはあることばを契機に心を開くときがある。絵本という文化を媒介にして子どもと教師が「楽しい世界を共有する」「ともにつくりあげる」といった共感関係が生じて、感動や喜びをことばで表現するようになるのである。

　ことばと生活は密接につながっているものである。7月に入ると体育で水泳が始まる。ある自閉症の子どもは教師に手をひかれバタ足の練習を行う。この時期には『ぼくおよげるんだ』の絵本の読み聞かせを行っていく。この絵本では泳げないクマ君がお父さんクマに手をひかれてがんばる場面がある（絵本②参考）。

　この自閉症の子どもにとっては、体育での練習と絵本の場面が同じなので絵本を聞く時の目の輝きが違っている。つまり、生活と絵本の世界が重なったとき、子どもは絵本を一層身近に感じ、絵本に引きつけられ

絵本②

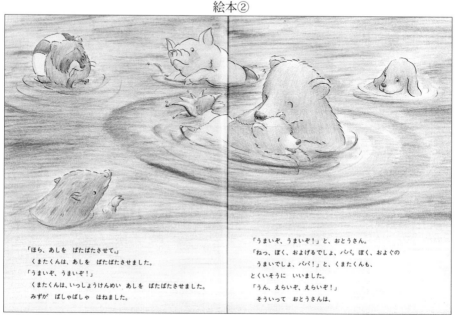

「ほら、あしを ぱたぱたさせて。」
くまたくんは、あしを ぱたぱたさせました。
「うまいぞ、うまいぞ！」
くまたくんは、いっしょうけんめい あしを ぱたぱたさせました。
みずが ぱしゃぱしゃ はねました。

「うまいぞ、うまいぞ！」と、おとうさん。
「ねっ、ぼく、およげるでしょ、パパ。ぼく、およぐの
　うまいでしょ、パパ！」と、くまたくんも、
とくいそうに いいました。
「うん、えらいぞ、えらいぞ！」
　そういって おとうさんは、

出典：わたなべしげお・さく　おおともやすお・え「ぼくおよげるんだ」あかね書房

集中していくのである。子どもの要求や気持を再現できる絵本を使って、認識を深めていくことができる。子どもの行動が絵に表現されているといった観点から絵本を選択して子どもに提示していくことが大切になってくる。

（3）『かさじぞう』（ポプラ社）の読み聞かせの実践
　約 1 ヶ月にわたって次のような計画を立てて進めた。
　㋐　教師が読むのを「聞く」活動をする。〈1 回目～ 13 回目〉
　㋑　教師が読んだ後、ある場面の情景を見ながら「話す」活動をする。〈1 回目～ 7 回目〉
　㋒　ある場面の情景を見ながら「読む」「書く」活動をする。〈8 回目～ 11 回目〉
　㋓　描く活動をする（表現）。〈1 回目、12 回目、13 回目〉（この活動は、子どものイメージをさらにつけさせるため、教師が評価するため行っている。）

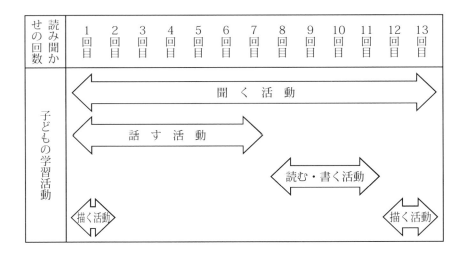

50

（4）ゆきこへの取り組み

　㋐　ゆきこの発達段階

　ゆきこは中学 3 年生。小学校へ入るとき就学猶予をしたので 1 歳年上の子である。知的障害のほかに心臓疾患とてんかん発作を併せもつ。ゆきこの行動を 3 つのレベルからまとめてみる。

　言語・認識のレベル

　　○　上中下、大中小、長中短を順に分けることができる。

　　○　自分のだけれども、人に貸すことができる。

　　○　役割遊びができる。

　　○　当番を行おうとする。

　　○　明日の予定を立てることができる。

　体・運動のレベル

　　○　ケンケンで 5 〜 10 歩程前に進むことができる。

　　○　競技では順位の結果を意識することができる。

　　○　なわとび（前飛び）を 20 回程続けることができる。

　　○　二人で力を合わせてものを一定の場所へ運ぶことができる。

　手・指の操作レベル

　　○　ちょうちょ結びができる。

　　○　左手の紙を動かしながら、はさみで線に沿って切り抜きができる。

　　○　箱づくりで組立ができる。

　これらの行動から、ゆきこの発達段階は 3 次元可逆操作（7 歳ごろ）にあると思われる。

　㋑　ゆきこの個人目標

　　○　教師との話し合いで、イメージをさらにふくらませ、事実をしっかりと書くことができるようにする。

　　○　おじいさんの気持を文に表現できるようにする。

⑰　ゆきこへの働きかけと変化

『かさじぞう』の中で、雪がふり風が吹いている場面（絵本③参考）

教師	「風が吹いているかな？」
ゆきこ	「吹いているよ」
教師	「強いか？」
ゆきこ	「強い」
教師	「ビューンと吹いているか？」
ゆきこ	「ふぶきになった」

ということばのやりとりをする。読み聞かせを重ねるにつれ、教師の発問は子どもの応答が変化してくるので深まっていく。教師が風の強さに気づかせるため「ビューン」と言うと、ゆきこは初めて「ふぶき！！」と答えてくる。ゆきこが絵の表現や教師の語りから風の強さをイメージし、考えを深めている過程である。さらに、ゆきこは「そうだなあ、強い風が吹いていて雪がたくさん積もるわ」と言って思考をまとめてい

絵本③

じいさまは、とんぼり　とんぼり
まちを　でて、むらの　はずれの
のっぱらまで　きました。
かぜが　でて　きて、ひどい
ふぶきに　なりました。
ふと　かおを　あげると、
みちばたに　じぞうさまが　六にん
たっていました。
おどうは　なし、木の　かげも
なし、ふきっさらしの　のっぱらな
もんで、じぞうさまは　かたかわだけ
ゆきに　うもれて　いるのでした。

出典：ぶん　いわさき　きょうこ　え　あらい　ごろう「かさこじぞう」ポプラ社

く。いわゆる「自分の思いをくぐらせて」活動を行っているのである。ゆきこには、こうした思いを語る機会を十分に設け、その後に文章を書かせるようにしている。ゆきこがわずかなことばを言うのに対して、教師はゆきこの思いをふくらませ、あれこれと語らせていく配慮をしていく。

　おじいさんが地蔵にかさをかぶせる場面では、

教師	「おじいさん何やっている？」
ゆきこ	「5人」
教師	「5人<u>の</u>お地蔵さん<u>に</u>」
	「かさ<u>を</u>」
ゆきこ	「かさをかぶせている」

　ゆきこへは助詞を使って、ことばを引きださせることを行っている。「を」「に」という助詞を加えてやって話しかけるのは、ゆきこに目的性をもたせていくことになる。あるいは、「それから？」と尋ねていくのは、順序性をはっきりさせていくことになる。目的や順序を意識できるようにさせる配慮をしていく。

　文①と文②が、読み聞かせで行っている「書く」活動でのゆきこが書いた文である。初めて書いた文①は、まだ文脈が不明瞭であった。ところが、自分の書こうとすることを頭の中でまとめさせていくことで、ゆきこは文②を書くように変化していった。雪にうもれた地蔵さんのかさが「飛んで行っちゃうといけないから」というように理由まで書くことができた。それと、「そうじゃ、それがええそうしよう。」というおじいさんの決意や優しさを書くことができた。

　文①

青い手ぐいをどうしてもたりません。傘は5つ1人もたりません。おじいさんはかぶってられたおじぞうさんにかさをうえた。

文②

> 傘は 5 つ一人もたりません。おじいさんは傘が飛んで行っちゃうといけないから風を引かないようにしよう。ひもをむすんであげました。雪にうもれていました。おじいさんはおじぞうさんが傘を 5 人かぶせた。やさしい気持になりました。そうじゃ、それがええそうしよう。おじいさんは、なんにもありません。

　さらに、ゆきこが描く活動（表現）を通してイメージをしっかりさせていく過程がみてとれる。

　図 4-4 は 1 回目の読み聞かせの後に、図 4-5 は 12 回目の後に描いたものである。図 4-4 では地蔵の頭はいずれも△で描かれ、6 人の地蔵全部にかさをかぶせたと言っていた。雪のふる様子は点々でしか書かれていない。しかし、図 4-5 では「おじいさんが 5 人の地蔵にかさを、1 人の地蔵に手ぬぐいをかぶせた」と描いたときに言っていた。地蔵の頭は 5 つの△と 1 つの⌒に区別されるようになった。ゆきこは、読み聞かせを繰り返す中で、ストーリーの事実と照らし合わせて描くことができるようになった。地蔵の胸は⊟と描き、かさがしっかりと縛られていることまで表現できている。また、左端の地蔵は手ぬぐいなので縛り方が違っていることを細かく描いている。文②でおじいさんの気持ちが書けるように変化していったように図 4-5 でも右下におじいさんの顔が、それと、地蔵の顔がしっかりと描かれるように変化していっている。

4．おわりに

　第一に、子どもを取り巻く状況についてである。子どもたちは幼いときからテレビ漬けとなり、一方的に送られる映像を見てばかりになっている。文章を聞いたり読んだりしてイメージをいだき、自分から主体となって活動するといった経験をどれだけしているかといった生活の狭隘化である。だからこそ、絵本や紙芝居のより良い文化を通して読み聞か

せの実践が一段と必要になってくる。

　第二に、「はじめに」で述べたように中学校の障害児学級という義務
教育段階の教育内容についてである。学校教育は能力や人格を形成して
いくところである。子どもたちに喜び、楽しさ、わかるという実感を充
分に体験させていくところである。特に、学齢期の障害児教育において
は、時間をかけてライフステージで生きていくための土台となる力をつ
けていかなければなるまい。「作業学習」ばかりに目を奪われ、結果的
に教育内容を狭くしていくのではいけない。「子どもの内面を豊かに」
し、教師と子どもが心をかよわせることがやはり重要になってくる。

図 4-4　　1 回目の読み聞かせの後に描いた絵

図 4-5　　12 回目の読み聞かせの後に描いた絵

第5章　子どもの側に立った教育課程づくり
－中学校の障害児学級の実践－

1．重複障害のゆきこを受け入れて

　12月の寒い中を、ひとりの母親が娘を連れて私の学級を訪れてきた。その母親は、「先生に中学校3年間をみてもらいたいのですが」と切々と私に話しかけてきた。それが、ゆきことの最初の出会いであった。しかし、私は悩み迷った。「ゆきこのような多くのハンディをもっている子を受け入れて、親子への支援が果たしてやっていけるのだろうか」また一方で、「就学を願っていることを拒否できないのではないか」と。結局、ゆきこは4月に私の学級の"仲間"となり、その後3年間を私とともに歩むことになったのである。

　ゆきこの母親は、5月初旬の保護者会で「小学校に入るとき、1年間就学猶予をしました」と胸のうちを明かされた。ゆきこが、小学校へ入学する年は、養護学校教育義務制施行の昭和54年にあたる。名古屋市では義務制施行というのに39人の子どもが「就学猶予」に、29人の子どもが「就学免除」になり、学校教育を受けれないでいた。ゆきこはそんな一人であった。ゆきこの障害は、知的障害の他に、水頭症、中隔欠損という生れつきの心臓病、右の耳が奇形で聴力がない、気候の変化に順応できずにてんかん発作を起こすものであった。

　ゆきことの出会いは、昭和61年4月からである。それ以前の学級の教育課程・教育条件・教育内容をめぐっては、①子どもの実態（障害、発達段階、生活年齢）をあまり考慮しないでいた。②私が空き時間となるときは、多くの教師が入れかわりたちかわりに学級へ来る。③そのため、学習の内容に連続性や一貫性がなかった等といった問題があった。

　ところが、ゆきこのような多様な障害のある子どもの入級を契機に教育課程などを根本的に見直さざるをえなくなった。それは、体育を行う

ことひとつとっても、心臓病やてんかん発作をもつゆきこには、その日の体調に合わせてきめ細かく、個別的に見るように配慮しなければならないという事態が生じてきたからである。そして、子どもたちの実態に合った時間割や教育内容を創造し、発達を保障していくことが大きな課題となってきた。

　ここでは、昭和61年以降の教育実践を通して、他の教師の障害児学級への見方を変えさせ、学校全体に障害児学級をしっかり位置づけようとして、私が最も力を注いだ「子どもの実態をとらえ、教育課程づくりすること」をまとめてみる。

２．子どもの実態をとらえる

　実践を行っていくにあたり、教師が子どもの行動をどのようにとらえるかは大きな鍵となる。私は、以前によしおという「乱暴な」子をみたことがある。よしおは、何らかかわりのない他の子どもを一方的になぐったり、馬鹿にして笑っていた。そんなよしおとの「格闘」で、私は徐々に「自分の気持ちを表現するのが難しい」よしおに気づくようになっていった。子どもが起こすパニックを単に困った行動としてだけでみるのではなく、子どもの内面から訴えている発達要求としてとらえる眼を教師がもつこと、意欲といった発達の原動力をひきだしていくことにこそ根本的に「問題行動」をなくし、豊かな実践を創造するのではと知らされる機会がある。いわゆる「発達の主体者」として子どもをとらえることが重要になってくる。それと、「生活の主人公」にさせることも必要であり、単調な生活・孤立した生活を余儀なくされている障害児にとって、子どもの一日の生活のおよそ3分の1にあたる学校生活をどう豊かに過ごさせるかということも大切になってくる。

（1）子どもたちの弱さ

　子どもの発達を「体・運勧のレベル」「手・指のレベル」「言語・認識のレベル」における行動をめやすにしてとらえることができる。子どもたちの中には、はさみの使い方はなんとかわかっているのだが、いざ線の上を切ろうとすると難しかったり、線からそれて切ってしまう子がいる。あるいは、その場での片足ケンケンはできるのだが、旗の周りをまわろうとするとつまずいてしまうことがある。つまり、線を見ながら、旗を意識しながらという「……しながら……する」という学習課題が与えられると難しさを示す子どもたちなのである。また、「言語・認識のレベル」での落ち込みが、他の二つのレベルに比較してみられる子どもととらえることができる。入級してくる子どもたちの言語（認識）面では次の特徴があげられる。①黙読してイメージをうかべることは難しい。②遠足や体育大会等の主題を決めてから、文章を書くことは難しい。③相手に何を伝えるかを頭で考えてから書くことは難しい。

　これらの弱さをもたらすものとして、第一に話すべき、書くべき日常の生活体験が乏しいことがある。第二にことばを受けとめてくれる相手が非常に限られていることがある。さらに、第三に生育歴の中で、獲得しなければならない力を身につける支援を欠いたまま現在の段階にとどまってしまっているといった複雑な要因があると考えられる。

（2）子どもたちの発達段階

　子どもたちの言語（認識）面においては、次のことができる。①教師が「きのう（今日）は何をしたかな」と尋ねると、プール（で）泳いだ」等と答えることができるように、昨日・今日・明日という時空間の流れが少しずつわかるようになってきている。②短い文章を書けるようになってきている。これらのことから、「言語・認識のレベル」では、4歳半ごろの節日（発達の質的転換期）を超え、9歳ごろの節目（発達の質的転

換期）には到達していない発達段階の子どもたちである。換言すると、小学校低学年（１・２年生）ごろの発達段階で、話しことばを駆使して書きことばの準備へと移行していく時期にあるととらえられる。

３．実際の教育課程づくり

（１）基本的な視点

　教育活動を進めるにあたって、次のことを押さえて取り組むようにしてきた。

①　教育目標を立て、その目標の達成をめざす。

②　時間割を工夫し、一日の学習の流れと区切りをはっきりさせる。

③　13 歳〜 15 歳という生活年齢の高まりを考慮する。

④　子どもたちの発達課題を明らかにした上で、学習の内容を決める。

⑤　教師と子どもとの触れ合いやことばのやりとりといった豊かな人間関係を大切にする。

（２）教育課程づくり

　平成元年度の教育目標、領域、教科等の時間数は次のように設定している。

教育目標

①　心身ともに健康にさせる。

　・生活にめりはりをつけ、規則正しい一日を送らせる。

　・養護教諭との連絡を密にし、体調の変化に気づかせる。

②　丈夫なからだづくりをさせる。

　・全身を動かす運動に時間をあて、体力をつけさせる。

　・年に２回のスポーツテストの結果より、自分の走力・跳力・筋力等の向上に気づかせる。

③　基礎的な知識を身につけさせる。

・教科指導を通して、認識力をつけさせる。

・製作活動を通して、手や指を動かし、ものに積極的に働かせる。

④　働くことへ目を向けさせる。

・係や委員の仕事を責任もってやらせる。

・同じ区内にある作業所や授産施設、近くの工場での職場実習を体験させる。

領域

　中学校の「特殊学級」の教育課程では、ともすれば、「作業学習」にかなりの時間をかけ、就職することや職業生活に適応すること、働く態度を形成することが目的にされ行われがちである。しかし、学校教育という場だからこそ、「作業学習」ばかりに目を奪われるのではなく、生きる力として、土台づくりとして学力や体力をつけさせる取り組みが必要になってくる。能力と人格の形成についてである。

　子どもたちが、頭、体、手を十分に使い、たくましく成長していくように発達支援を図る教師の思いを含んでいて、教育の論理が貫かれている教育課程を編成しなければならない。そのために、領域を①教科指導（陶冶）、②生活指導（訓育）、③養護指導の3領域と設定し、それぞれの領域での具体的な指導内容を次のように考えた。

領域①　教科指導（陶冶）

　ここでは、秋葉英則が『子供に知的能力を』（清風堂書店）の中で「体育－図工・音楽を核にして、国語－算数への広がりを」という系統性を示しているが、その考えを参考にして教科と時間数をたてている。

・体育3時間〔朝マラソンは別に毎日実施する〕

　→走り幅跳び、水泳、ドッジボール、サッカー、縄跳び、マラソン、ゲー

トボール、体力づくり等。

・製作活動 12 時間
　→太鼓づくり＜実践例１＞、竹細工、植木鉢づくり、しおりづくり、キー
　　ホルダーづくり、カレンダーづくり、調理実習、遊具づくり等。

・音楽 1 時間
　→太鼓の演奏、手づくり打楽器の演奏、学校行事や区の行事に向けて
　　の歌、学級歌等。

・国語 5 時間
　→絵本や紙芝居の読み聞かせ＜実践例２＞、ことば遊び、視写、聴写、
　　詩の朗読、作文、漢字の学習等。

・数学 5 時間
　→長さの学習、時計の学習、お金の学習、重さの学習、四則計算等。

＜実践例１＞
ものづくりの実践
（1）ものづくりでねらうこと（目的）
　① 教科学習を行う上での基礎的な認識力を養う。
　② 目的意識や見通しを育てる。
　③ 連帯感を育てる。
　④ つくるおもしろさを体験させる。
（2）太鼓づくり
　まずはつくってみよう
　いざ、太鼓をつくってみようと思っても、太鼓の皮や胴には何を使え
ばいいのか、音はどのような響きになるのかと疑問が涌いてくる。しか
し、子どもたちは「つくったあとで遊べる、使える！！」と思うから、きっ
と能動的になるに違いない。まずは、子どもたちといっしょにつくって
みようと思い、校内の大掃除で使用するワックスの大きな空きかんを廃

物利用（リサイクル）することに決めた。

　知的障害の子どもたちには、製作していく工程がわかりやすいように手順を考えてやることが重要となってくる。私は、図5-1を1枚ずつ順番に子どもたちに視覚的に提示し、製作過程の順番が理解できるように配慮して、太鼓づくりを始めたのである。

考えさせ、失敗を大切に

　子どもたちが、この太鼓づくりで難しいと感じたところは、皮の周囲にマジックで等間隔で印をつけること（工程4）、ひもを通してきつくしばること（工程7、8）であった。ともおは、等しい間隔で印をつけるといった学習課題に難しさを持った子である。そんなともおに、「ここだ、ここだ」と他の子が教えている場面に出くわす。あるいは、私は放射状の型紙を置いて「次に印をつける箇所はここである」と、ともおに位置の見通しをもたせ学習に参加できるようにしていった。

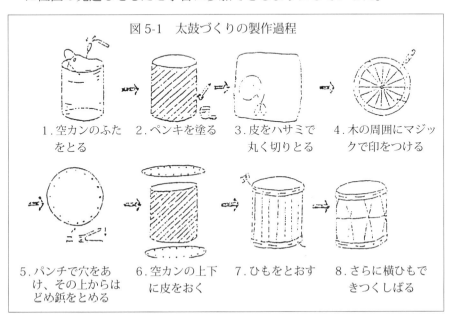

図5-1　太鼓づくりの製作過程

1. 空カンのふたをとる
2. ペンキを塗る
3. 皮をハサミで丸く切りとる
4. 木の周囲にマジックで印をつける
5. パンチで穴をあけ、その上からはどめ鋲をとめる
6. 空カンの上下に皮をおく
7. ひもをとおす
8. さらに横ひもできつくしばる

わらび座の民舞を見て

　いざ太鼓ができあがっても、どういうふうに叩くのかが次の課題となった。私は、わらび座の民舞指導のビデオを見て、その中で「豊年太鼓（石川県に伝承）」なら学級でもやれるかもしれないと思った。このテンポは上うち／Ｐ／ヽヽＰ／／━という部分とフィニッシュの前半ヽＰ／／と後半Ｐ／Ｐ／Ｐ／Ｐ／の部分から構成されている。最初の頃は、子どもたちは「むずかしそうだなあ」と連発していた。

　手づくりのばちでたたく練習を開始していった。子どもたちは、自分たちでつくった太鼓を使って学習に取り組めるのが何よりも楽しかったようだ。「むずかしい」と言ったわりには、日が経つにつれ練習にのってきて、「できてきているぞ」と励ます私に、子どもたちは笑顔を返す日々が約一か月続いた。

大きな拍手の中で

　いよいよ待ちに待った校内音楽会がやってきた。私たちの出番になると、舞台に太鼓一つが置かれ、いったい何が始まるのだろうかとかたずをのんだ雰囲気に場内が変った。場内には、全校生徒の他に約百名の保護者も来ている。もちろん、私の学級の保護者もその中で緊張して見ていた。

　ドンドドンドドンドン「ホイサー！」

　―子どもたちは一つの太鼓に集中し力強く打ち始める。私も子どもたちとともに勢いよくばちを叩いていった。太鼓の響きが場内に伝わり、大きな拍手が起こってきた。太鼓の音が強くなる、テンポが早まっていく。ドドンドン　ドドンドン　ドドンドンとフィニッシュの部分へ移るにつれ、子どもたちは調子にのって太鼓をたたいていった。

　終了してから、多くの先生や保護者から「感動しました」「すごいですね」と言われ、たとえ障害児学級であろうとも改めて人に深い感銘を与

えることのすばらしさを考えさせられた。

＜実践例２＞

読み聞かせの実践

（１）読み聞かせでねらうこと（目的）

　① 楽しさを充分に体験させる。

　② 絵を見せ、情景を思い浮かべ、イメージを膨らませる。

　③ 喜びや感動を出させ、伝えたいという気持ちをもたせる。

　④「聞く」「話す」活動をした後で、「読む」「書く」活動をさせる。

　⑤ 劇化し、演じさせる。（役割の演示）

（２）子どもをひきつける

　子どもたちに「絵本だあ、楽しみだなあ」という気持ちをもたせるために次のことを指導上のポイントにしている。

ことばが絵に隠されている

　たとえば、『モチモチの木』（岩崎書店）の絵本の読み聞かせでは木の枝がおばけの手のしぐさをする場面が出てくる。ここでは教師がこわそうな手まねをし、大げさに「おばけだーぞー」と読んでやる。すると、子どもは次にこの場面（ページ）がめくられるのを期待したり、目をふせてこわがるようになる。同じ絵本の読み聞かせを１回、２回・・・と続けてくると、その絵本のストーリーを徐々に知るようになるから、絵から読み取るおもしろさを何度か味わうから楽しくなってくる。質の良い絵本には、ことばが絵に隠されているからである。また、子どもたちは、あることばを契機に注視したり心を開いたりするときがある。絵本という文化を媒介にして、子どもたちと私が「楽しい世界を共有する」「ともにつくりあげる」といった共感関係や安心感がベースになって、感動や喜びをことばで表現するようになるのである。

64

行動が絵に表現されている

　ことばと生活は密接につながっているものである。7月に入ると体育で水泳が行われる。ある自閉症の子どもは私に手をひかれてバタ足の練習を行う。この時期には『ぼくおよげるんだ』（あかね書房）の絵本の読み聞かせを行っていく。この絵本では泳げないクマ君がお父さんクマに手をひかれてがんばる場面がある。この自閉症の子どもにとっては、体育での水泳練習と絵本の場面が同じなので絵本を聞く時の目の輝きが違っている。つまり、生活と絵本の世界が重なったとき、子どもは絵本を一層身近に感じ、絵本にひきつけられ集中していくのである。子どもの要求や気持ちを再現できる絵本を選択して、認識を深めていくことができる。子どもの行動が絵に表現されているといった観点から絵本を子どもに提示していくことが大切になってくる。

領域②　生活指導（訓育）

　ここでは、係や委員の仕事を通して学級集団づくりや学校行事への参加を行っている。また、親の協力を得て書いてきた日記帳を通して、家庭での生活の様子を話させる指導を行っている。
・生活2時間
　　→学級通信を通しての学級集団づくり＜実践例3＞、今日の生活を
　　　振り返る、家庭の生活を話す等。
・特別活動2時間
　　→学級活動、クラブ活動。

＜実践例3＞
学級通信の実践
（1）学級通信の発行でねらうこと
　①　子どもたちの発達する姿を子ども・親・教師の間で知り、家庭と

学校との結びつきをはかる。
② 子どもたちの学習場面、遊びという生活場面を記録していく。
③ 学級通信を読みあい、学校生活を振り返ったり、ことばの力をつけたりする。
④ 学級の実態、子どもたちの作品を紹介しながら学級集団づくりや自治活動を行っていく。

（2）学級通信の中身（534号までを通して）

・形式として
　ア．次号の学級通信や授業ができるだけつながるように工夫する。
　イ．子どもたちに記入させるアンケート式を取り入れるようにする。
　ウ．子どもたちだけでなく、親にも読んでもらえるようにする。
　エ．学校行事を重視して授業の節目を示すようにする。
　オ．あらかじめ子どもたちの机上に置いておき、登校してきたときに読めるようにする。

・内容として
　Ａ．子どもたちの様子、今後の学習予定。
　Ｂ．教科学習で教えていること（詩、ことばの学習、地図調べ、仕事の名前等）。
　Ｃ．生活指導上のこと（生活見直しアンケート、保健衛生面、風紀美化面等）。
　Ｄ．子どもたちの要求を汲み取ること（学校でやりたいこと、七夕の短冊の願いごと、好きな食べ物・動物ベストファイブ等のアンケート式）。
　Ｅ．遊びのコーナー（ジャンケン大会、ジャンボさいころゲーム、あみだくじ、なぞなぞ、ぬりえ等）。
　Ｆ．日記帳、体力・身体測定の結果。
　Ｇ．親へのお願い、学習進行情報欄。

66

H．卒業生・他の教師からの手紙、学級クラス会記事。

Ｉ．子どもたちの地域での活動（青年学級）。

Ｊ．行事への取り組み、誕生会、本年の目標、各学期で楽しかったこと。

〔ＡＢＣはアと、ＤＥはイと、ＦＧＨＩはウと、Ｊはエと関連する。〕

（３）学級通信の発行

子どもたちのかかわりを育てる

　学級通信を読みあうときは楽しいひとときにしたいと考えており、学級通信の紙面に時にはあそびのコーナーを設けるように配慮している。ことばあそび（しりとり、なぞなぞ、反対ことば、擬声語）、ジャンケ

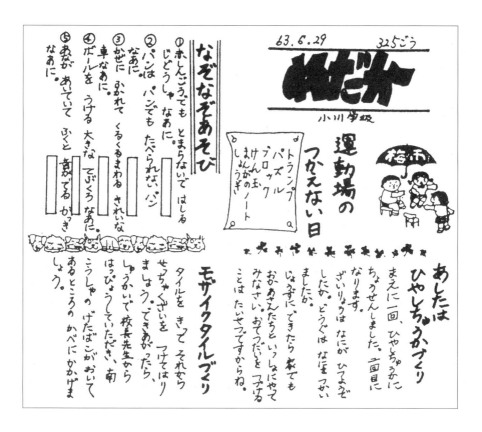

ン大会、ジャンボさいころゲーム、あみだくじ、ぬりえ等を取り入れている。さらに、学級通信でのしりとりを延長させてグループに分けて黒板で競争させる活動に発展するようにねらっている。

　かずおのような自閉症の子どもに集団の高まり響きあいを体験させてやりたいという私の願いがある。かずおは、集団を遠くから見ているのだがなかなかその集団の輪に入りきれない。他人に自分の気持ちを伝えることが弱いからである。

　そんなかずおは、学級通信の遊びのコーナーに参加することで、少しずつ他の子どもとかかわれるようになっている。かずおが「ぼくの」（学級通信に自分の作品を載せてくれという意味）と言ってくるようになってきており、自己を主張する姿が出てきている。時に、私が「順番に載せてあげるから待ってね」と言うと、かずおは「順番」と応答したり、「ひさお君のせる」（ひさおの日記を載せて下さいという意味）と言ってくる。かずおに他の子どものことを考える「心の広がり」みたいなものが育ってきている。

領域③　養護指導

　ここでは、保健室の養護教諭の協力を得て、子どもたちの体の変化を把握したり、てんかん発作や心臓病等の身体面での障害のある子どもに対応している。また、第二次性徴期を迎える子どもたちに大人への体の変化について絵本を利用して話している。（生と性の学習）

　以上①②③の３つの領域は、図5-2のように各々バラバラにあるのではなく、お互いに重な

図5-2　教育課程の構造

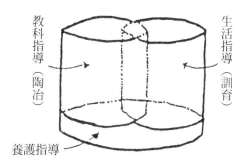

り、支えあい、連携しながら教育活動が営まれており、子どもの能力や人格を形成している。なお、中学生という生活年齢の高まり、発達の分化につれ、教科指導（陶冶）、生活指導（訓育）、養護指導における指導の量・質が相対的に異なってくると考えられる。各領域の比重でもある。

　平成元年度の時間割は、登校後を朝マラソン、1時間目を国語、2〜3時間目または3〜4時間目を製作活動、5時間目を数学の帯状にすることで、子どもたちに「次の時間は○○の教科で、△△の活動をやるんだ」という先の見通しをもちやすくさせるように配慮している。

4．教育課程づくりで大切にすること

（1）教育活動の連続性・発展性を

　各々の教科間のつながりをいかにもたせるか、学校行事へいかに発展させるかといった教育活動上の工夫が必要になってくる。たとえば、製作活動の時間で大きなイカダを全員で力を合わせてつくり、体育の時間でプールに運んで使用したり、生活の時間で地域の店屋に出かけ食材を買って、調理を行ったりしている。

　こうした連続性や発展性をもたせることが、子どもたちの期待や楽しみを一段と助長させ、意欲的・能動的に取り組ませ、生活に広がりをもたせていくことになる。

（2）教科の内容の系統性を

　子どもたちにわかりやすいと思わせるには、内容をいかに順序立てて授業を行っていくかが必要になってくる。たとえば、一桁の数の加法で、子どもは「2＋0＝」といった0（ゼロ）のある計算に難しさを示す。この子どもの姿勢から、0（ゼロ）ということを教えていかなければならないこととなる。学習課題に対する子どもたちの反応をつぶさにみることで、より細かいステップを取り入れ、教科の内容を系統的に積み上げていくことになる。

（3）ことばの獲得を

　生きる力の基礎として、自己を表現できるようにことばをいかに培わせていくかが必要になってくる。たとえば、子どもが「あっ」と驚いたり、「あれっ」と気づいたりして言ったことばをきっかけにして、話させたり、書かせたりしやすいときがある。子どもが心を動かしたときにこそ、教師がことばをかけてやったり、子どものことばを受けとめてやることでことばが育ってくる。身近な生活を見させ、聴かせ、肌で感じさせるといった体験を多くさせたり、これまで子どもたちが頭で描いていたイメージを増やす体験をさせたあとに、それを契機にして話しことばや書きことばを獲得させていくことになる。

注
・田中良三「戦後、障害児教育課程の編成原理と構造」（河探邦俊、清水寛、平原春好『障害児の教育課程と指導法』、1981 年、総合労働研究所）。
・三島敏男、大久保哲夫、纐纈建史『障害児のための教育課程』、1984 年、労働旬報社。
・秋葉英則『子どもに知的能力を』、1986 年、清風堂書店。
・拙稿「障害児学級における楽しくわかる活動をめざして」（愛知障害児教育研究会、1986 年発表）。
・拙稿「子どもと読みあう学級通信」（愛知障害児教育研究会『愛知の障害児教育研究』46 号、pp.5-10、1988 年）。
・拙稿「読み聞かせで生きる力を育てる―書きことばの獲得をめざして―（日本福祉大学社会福祉学会『福祉研究』60 号、pp.73-80、1989 年）。
・拙稿「ものづくりで生きる力を育て、進路保障をめざす」（子どもの遊びと手の労働研究会愛知支部、1990 年発表）。
・拙稿「義務制 10 年、名古屋市の現状―統計資料の分析から―」（障害児地域教育研究会、1990 年発表）。
・拙稿「名古屋市における養護学校義務制実施後の推移と教育課程をめぐる動向（メモ）」（愛知障害児教育研究会『愛知の障害児教育研究』62 号、pp.9-14、1991 年。障害児地域教育研究会、1991 年発表）。

第6章　特殊学級における教師と子どもの
相互作用に関する研究
－学級だよりの有効的な利用をねらって－

　昭和58年より7年間にわたって、特殊学級で学級だよりを発行し、実践した。教師－子どもの相互作用をはかるために、学級だよりの有効な利用を検討した。その結果、第1に作成上においては、ねらい（目的）を明確にし、中身の工夫をする。特に、言語能力を身につけさせることを重視し、学級集団づくりの有効な手段とする。第2に利用上においては、教師と子どもの面する位置、授業時間での特設を考慮する。以上のようなきめ細かい留意事項を踏まえて学級だよりを発行することが、教師、子ども、学級全体、親の相互の関係を動的に変化させたと考えられる。自閉症のS男が、学級だよりを仲立ちとして、「ことば遊び」に意欲を示し、日記を載せるように自己主張ができるように変容してきたと考察した。このことから、学級だよりを継続的に発行してその内容を質的に検討する試みは、特殊学級のひとつの妥当な指導プログラムであり、教育活動をダイナミックに発展させていくものといえる。

1．はじめに

　筆者は、先に「精神遅滞児教育における授業研究の動向」と題する論文で、1960年代以降の授業研究にどのようなプロセスがあるかを整理した[1]。その中で、知的障害児の授業研究に関する端緒の研究は、特殊学級での授業を対象とし、教師－子どもの相互作用を分析することに主眼を置いていたことを言及した[2]。さらに、この論文の中で知的障害児の授業研究は1980年代になってから本格的に行われるようになり、特殊学級を研究対象とするだけでなく、養護学校の授業も対象にしようとする動向へと変化してきていると指摘した。このように約30年間に及

ぶこの分野の研究動向をまとめてみた結果、教師と子どもの相互関係、コミュニケーション過程について分析することが授業実践研究の中心となっていることが明らかになった。

それゆえ、筆者もこうした研究動向の中で教師と子どもの相互作用に着目して、1990年の年間計画・国語科の時間で単元「えほん『かさじぞう』」の授業を取り上げ授業分析の対象とした[3]。この13時間完了の授業を通して、教師－子どもの相互作用をはかる手段に絵本という教材を設定することで、子ども一人ひとりの実態に合わせて語りかけ、子どもの言語を引き出すに至ったという結論を導くことができた[4]。

ところで、「教育実践」という用語に関して手元の教育学事典によれば、「教育の具体的実践の過程としての教育実践は、人間が人間に対して直接働きかけるという基本的な構造をもっている[5]」と説明されている。すなわち、ここからは実践をめぐっては人間相互の働きかけという活動がどのような方法でなされているかが問われていると思われる。筆者は、この相互の働きかけの関係構造を別の研究で、教師、個（ひとりの子ども）、集団（複数の子ども）、生活の視点より把握する必要があると図示した[6]。

本研究の目的は、より良い相互作用をはかるために、教師はどのような点に留意して授業を行えばよいかといった評価項目を抽出するという筆者の授業研究を念頭に置き、学級だよりを媒介にした教師－子どもの相互作用に着目して、子どもの変容をもたらした学級だよりの有効さを明らかにすることにある。なお、教師－子どもの相互作用という関係は、あらゆる教育の場面でなされているのであるが、本研究では時間割の「生活」の授業場面に限定し、教師と子どもの仲立ちとする学級だよりを取り上げ、そこでの相互作用を分析検討することを目的とした。障害のない子どもを対象にした通常学級での学級だよりを利用した学級経営に関する実践研究はけっこう蓄積されていると言えよう。しかしなが

ら、特殊学級におけるこのような先行研究は、関係する学会での発表や障害児教育に関する学術雑誌掲載論文目録などを調べてもほとんど見当らない。それは、言語面等に障害のある知的障害児を対象にした学級だよりの工夫が明らかにされてこなかったことを意味する。それゆえ、本研究では言語力を培わせることに焦点を置いた、特殊学級経営に役立つ学級だよりの有効的な利用を検討することにする。

2．実践の概要

　筆者が学級だよりを実践で取り上げる理由は、教師と子どもの言語のやりとりをはかる、つまり相互作用を成立させる教材として位置づけているからである。実際には、教師と子どもが学級だよりを「聞く」「話す」「読む」「書く」といった言語を使用する場を設定することになる。さらに、帰宅後に親子で聞いたり読んだりする場にすることができる。学級と家庭の繋がりを深めることになる。そこで、次のような点を重視して実践してみた。

〈進め方のポイント①〉
　「聞く」「話す」「読む」活動を重視する。
・子どもの言語能力を培わせる上で、発達段階からして「聞く」「話す」「読む」活動をまずはベースにして、それから「書く」活動へつなげていくという展開を考慮している。

　教師が子どもにわかりやすいように文章を文節ごとに区切り、はっきりとゆっくりと明瞭化させ読んだり、教師が読んだ後に子どもに再度復唱させたり、全員で一斉に声をそろえて読ませる。また、読んでいる箇所を明確に意識づけるために指でなぞらせて読む活動も取り入れている。

〈進め方のポイント②〉

　家庭での親子の対話の契機とすることを重視する。

・学級だよりが障害児の「代弁者」となり、親と子どもの間で学級や学
　校の様子を話す場にする。

　障害児の親としては、学校で自分の子どもがどのような様子なのか、
また、学級でどのような取り組みがされているのかを知りたいという気
持ちは、通常学級の親以上のものがあると思われる。まして、言語を身
につけることを課題とする子どもの多い知的障害児を対象とする特殊学
級では、子どもを通して学級や学校の様子を聞くことは難しい。子ども
がその様子を話そうとしても、その話す内容を理解し、豊かに広げるた
めには聞き手が話題を引き出す手がかりをもっていないと、せっかく話
そうとする子どもとの会話の機会を失うことになる。すなわち、学級だ
よりは子どもを仲立ちとして教師－子ども－親の相互作用を成立させる
という役目を有していると思われる。

3．実践の方法

（1）対象

　昭和58年度より平成元年度の7年間、筆者が担任した名古屋市立一
色中学校特殊学級（精神薄弱学級）で発行した学級だよりとその実践を
対象とした。なお、本学級は筆者ひとりが担任であることから子どもの
数は5〜6人をめやすとし、教育課程は教科指導・生活指導・養護指導
の3領域で実践している。子どもの発達段階や障害の種類や程度を配
慮して、一人ひとりの実態に応じた学習場面に小集団や大集団を適宜設
定し、グループダイナミックスをはかって実践しているのがひとつの特
徴である。

74

（2）言語面における子どもたちの様子

　本学級に入級する子どもは、知的障害（3〜4名）と近年の傾向として自閉症（1〜2名）である。特に、本研究で取り上げるS男が入級した昭和63年前後の子どもの実態は、発声言語がほとんどない、コマーシャルの一部を繰り返して発声していること（エコラリア）が多く、コミュニケーションとしての言語能力が培われていない者が多くなっている。すなわち、昨今入級対象となっている子どもの多くに共通している実態は、語るといった表現能力が低く、人に伝えたり、人に共感を求めるといった行為が希薄であるということである。つまり、人間の発達にとって重要な伝達手段としての言語を身につけることがこれらの子どもにとっては難しいのである。それゆえに、言語を培わせるための有効な授業づくりをしていくことが実践課題として生じてきたのである。

（3）学級だより作成上の留意点

　知的障害という障害のある子どもに最初から「読みたい」という意欲をもたせたり、能動的に取り組ませることはなかなか難しい。そこで、子どもたちができるだけ自分から進んで学級だよりを手に取り、読みたくなるように工夫をしたり、言語学習とのかかわりを設定することが必要となってくると思われる。筆者は、7年間にわたって学級だよりを試行錯誤しながら発行し、昭和63年より次の点でねらい（目的）と内容を工夫するようにした。

1）学級だよりの発行でねらうこと（目的）
　　① 子どもたちの発達する姿を子ども－親－教師の間で知り、学校と家庭との結びつきをはかる。（連携）
　　② 学級だよりを通して言語能力をつけさせる。
　　③ 学級だよりを利用することで学級経営に役立たせる。（学級づくり）
　　④ 子どもたちの学校生活を記録していく。（教育実践の記録化）

２）学級だよりの中身

〈形式として〉

① 次号の学級だよりや授業とできるだけつながるようにする。

② 子どもたちに記入させるアンケート式を取り入れるようにする。

③ 子どもたちだけでなく、帰宅後に親にも読んでもらえるようにする。

④ 学校行事を重視して授業の節目を示すようにする。

⑤ あらかじめ子どもたちの机上に置いておき、登校してきたときに読んだり見たりできるようにする。

〈内容として〉

ⓐ 子どもたちの様子、今後の学習予定。

ⓑ 教科学習で教えていること（言語学習、詩、仕事の名前等）。

ⓒ 生活指導上のこと（保健衛生面、美化風紀面等）。

ⓓ 子どもたちの願いを汲み取ること（七夕の短冊の願いごと、好きな食物・動物ベストファイブ等）。

ⓔ 遊びのコーナー（ジャンケン大会、なぞなぞ、ぬりえ等）。

ⓕ 日記帳、体力・身体測定の結果。

ⓖ 親へのお願い、学習進行情報欄。

ⓗ 卒業生・他の教師からの手紙。

ⓘ 子どもたちの地域での活動（作業所や授産所、工場での職場実習、ボランティアからの支援等）。

ⓙ 行事への取り組み、誕生会、各学期の目標や感想。

〔ⓐⓑⓒは①と、ⓓⓔは②と、ⓕⓖⓗⓘは③と、ⓙは④と関連する。〕

　さらに、子どもにより身近なものにさせるために以下の点に留意事項を設定している。

　第1に、文章だけで書かれた学級だよりは子どもに「読みたい」という意欲をもたせることは困難なので、内容に即したカットや絵を添えるようにした。

　第2に、子どもの興味や関心を喚起させるため、ことば集め・しりとり・なぞなぞ等の言語に関する遊びや好きな食物や願いごとを発表させたり書かせたりするアンケート式を取り入れるようにした。

　第3に、内容ができるだけわかるようにという視覚的な配慮から、太字で大きく見出し文字をつけるようにした。

　第4に、一人ひとりの子どもが主人公になるように、達成感や成就感をもつことができるようにねらって、国語科の授業で書いた文や美術科で描いた絵（カット）を掲載するようにした。

　第5に、親と子どもが会話しやすいように、一人ひとりの努力している姿や発達している様子を載せるようにした。

（4）学級だより利用上の留意点

　第1に、学級だよりを読むときの教師と子どもの対面する位置は、内容に応じて教師が扇の要の位置になったり、子ども同志が向い合う位置にする。障害児はうれしいときには素直に体で喜びを表すものである。よって子どもの顔の表情や体の動き、変化を見やすくすることは実践を展開していく上で非常に有効であると考えられる。

　第2に、時間割で週2時間の「生活」の時間を設定して学級だよりを読み合う時間にあてるほか、朝の会や帰りの会の時間も活用して学級だよりの内容を取りあげて読んだり、楽しみが持てるように次号の学級だよりの予告をするようにした。

4．実践の内容と子どもの変容
（1）学級だより発行の経過

```
                   ┌─ 昭和58年度（40号まで）
  第1期（草創期）──┼─ 昭和59年度（60号まで）
                   └─ 昭和60年度（110号まで）
```

〔ねらい〕

　学校の行事や学級での取り組みをできるだけ親に伝える。

〔問題点〕

　発行数が少なく、発行日が不定期で、日々の授業場面とのつながりに欠けたものになってしまった。

　　第2期（形成期）┬昭和61年度（207号まで）
　　　　　　　　　　└昭和62年度（299号まで）

〔ねらい〕

　発行日を定期的にすることで、子どもの発達していく過程を親に伝える。

〔成果と課題〕

　発行数は年間100号近く出すようになったため実践の大きな柱となってきた。しかし、自閉症の子どもが入級しはじめ、子どもの実態に応じたという観点より内容を工夫する新たな課題が生じてきた。

　　第3期（充実期）┬昭和63年度（400号まで）
　　　　　　　　　　└平成元年度（534号まで）

〔ねらい〕

　言語学習に関連する取り組みとしての性格をもたせ、自閉症の子どもに対応して教師－子どもの相互作用をはかる有効な支援となるように、学級経営を行う上での重要な位置づけとした。子どもの実態に応じた学級だよりの中身をより一層追求し、他の教科指導、生活指導の領域との関連や交流教育等、特殊学級の教育課程の円滑さを検討した[7]。

〔成果と課題〕

　本研究で取り上げるS男のような自閉症の子どもたちが、学級だよりを仲立ちとして教師に話しかけるように言語面での能力形成に役立ってきた。そして、子どもの意欲的・能動的な姿勢が出てきたため学級全体

の雰囲気が活動的で明るくなってきた。週ごとに3号以上を発行する学級だよりが、子どもたちの能力形成に役立ってきたと思われる。

－第1段階の変容－

ことば遊びに意欲を示すS男

S男のプロフィール

生年月日：昭和50年10月生

障害：自閉症、療育（愛護）手帳3度、IQ46（全訂版田研田中ビネー検査、昭和63年5月実施）

問題行動：他人に乱暴な行為をする、多動、パニック、言語の未発達が目につく

　S男は、昭和63年4月に入級してきた。この年の1学期に様々な問題行動を起こした。たとえば、全校集会で突然大声を出したり、学級の整列に入ろうとせず一人で運動場の周囲を走りまわる、放課になると2階の渡り廊下の手すりの上に登る等高い所を好むという自閉症児特有の特徴を見せ、多くの教師をはらはらさせる場面もあった。また、S男のパニックは自分の要求が通らないと長時間にわたり泣き叫ぶ、他人を叩く、ものを投げつけるというものであった。このようなS男との日々の「格闘」の中で、次のような自閉症児に見られるといわれる視線が合わない、人称の逆転、エコラリア、他の子どもと集団行動がとれない、表情に変化がなく共感性が乏しいなどの状況が見られた。さらに、S男と接するにつれ、人間の発達にとって重要な伝達手段である言語がまだまだ未確立であることに気づくようになった。S男の最大の問題となるパニックが起こる背景には、自分の感情がうまく表現できないために精神的なイライラを生ずる、その葛藤を解消するには他人やものに「あたる」といった形になっていると考えられた。そこで、S男への指導には教科指導特に国語科を通して、自分の感情を表現する手段である言語を豊か

にしてやることが不可欠であるという方針を立てたのであった。国語科での言語学習がS男のエコラリアや人称の逆転という一連のもつれを直していくことになるのではないかとも考えられた。さらに、学級だよりに国語科で実践しているS男が好んでいる「ことば遊び」のコーナーを設けることを意図的に試みていった。また、S男への指名をできるだけ多くして読ませるようにしていった。「しりとり」「なぞなぞ」「ことば集め」等を発表させたり書かせていったのである。S男は学級だよりを手にすると、「ことば遊び」のコーナーをいち早く探し、自分から一文字ずつ声を出して読んだり、鉛筆で記入し教師に「かいた！」と言って見せに来るように変容してきた。少しずつS男の他人とのちぐはぐなかかわり方がなくなってきたようであった。このようにして、国語科の学習で人称についての内容を取り上げたり、自分の感情を表現させる指導をする一方で、国語科で興味を示している「ことば遊び」の指導を学級だよりを利用して行う方法は、S男に学級だよりへのなじみを一層もたせ効果的であったと考えられる（昭和63年度より）。

－第2段階の変容－
日記を学級だよりに載せるように言ってきたS男

　S男は言語の発達に遅れをもっているので、文章を書くことが苦手である。特に、国語科で行う「手紙を書く」「電話の対応」という学習になるとはかどらない。つまり、これらの学習においては言語を媒介にして他人に伝達することが求められるのでS男には難しい学習となっていると考えられた。このようなS男に僅かでも文を綴ったり、他人に話しかけれるようになってほしいと願っていた。

　そこで、学級だよりにはほんの僅かであってもS男が国語科で書いた文字や短文を載せ、それをS男に読ませて学級全員の前で誉めてやることを繰り返した。また、母親に協力を依頼し、帰宅して一日の様子を振

り返らせ話させることも行った。時には、S男に達成感や成就感をもたせる目的で「がんばり賞」という学級の表彰状を与えて励ました。

　S男にとって、自分の作品が学級だよりに掲載され学級全員の中で誉められることは、この上なく嬉しいことだったに違いない。そして、S男の変化はもとより学級の他の子どものS男への見方が変化するという相乗作用が働いたと思われた。すなわち、学級全体をダイナミックに変化させていく上でも学級だよりは有効であった。これまで様々な問題行動を起こしてきたS男には称賛されたという経験が少なかった。そのためか、学級全員の前で自分の作品が評価されることが、学級だよりに自分の作品を載せてほしいという意欲を出させ、「めだか（学級だよりの名称である）のせる」と教師に話しかけるようになってきた（平成元年度以降より）。

－第3段階の変容－
教師・子どもとの相互関係ができるようになってきたS男

　このように学級だよりにS男を登場させることを継続することによって、これまで他の子どもと集団行動がとれず孤立的な存在でいたS男が、「せんせい」「ぼくの」「H君ミルクもってくる」「ありがとう」等、その場の状況に応じた言語を出すようになってきた。それだけでなく、2年生の2学期に入ってから集会で自分勝手なおしゃべりや動きまわることもなくなり、他の子どもと同じ行動がとれるように変容してきた。S男には興味があり引きつけられる学級だよりが対人関係を築いていく機会になっていると考えられる。「ことば遊び」を通して他の子どもたちと遊ぶことができ、自分の作品が載る学級だよりが心の支えになったのではないかと考えられる。

　教師が「S君、学級だよりを読んで下さい」「M君が読んでいるよ、S君は聞いているのだよ」と言う。学級だよりを読むという取り組みは、

読む人がいる一方で聞く人がいるということになる。教師の指示でＳ男に読ませることは、同時にＳ男に他の子どもの支えを意識させることになる。それに、Ｓ男のがんばりを称賛することは、Ｓ男自身の喜びになることはもちろんのこと、他の子どもたちのＳ男に対する見方を変えることにもなる。換言すれば、他の子どもの支えを育てつつＳ男が発達していく過程とみることができる。学級の子どもたちが、「Ｓ君、お茶をついで」「Ｓ君が連絡帳を配ったあ」とＳ男に対して話しかけるようになってきた。また、職員室でも「Ｓ君、しっかりと自分で行動できるようになってきましたね」という幾人かの教師の声が聞かれるようになってきた。

　学級だよりに他の子どもの作品が掲載されると、Ｓ男は「せんせい、ぼくの」（学級だよりに自分の作品を載せて下さいという内容を主張した）と言うようになってきた。自分の感情をうまく伝達できないところに根本的なつまずきをもっていたＳ男が、「ぼく」ということばを多く発して自己を主張したり、教師が声かけすることに黙っているのではなく応答したりするようになってきた。教師が「この次の学級だよりにＳ君の文を載せてあげるから待っていなさい」と言うと、Ｓ男は他の子どもを意識して「順番」と答えたり、「Ｈ君のせる」と言ってくる。自分の文よりＨ男の作文を先に載せてもいいといった感情を表現でき、Ｓ男に周囲の他の子どものことを考えることができるようになってきている（平成元年度以降より）。

（２）親との橋渡しになってきた学級だより

　学級だよりの読み手には子どもの他に親がいる。学級だよりの発行を継続するにつれ、中身を工夫、充実していくに連れ、親の反響（期待感）が高まってきている。Ｓ男の母親もＳ男がかなり変容してくる２年生の３学期（平成元年度）に「学級での行事、内容、生活などがよくわかり

とても良いことだと思います」「月始めに行事予定が載っていますので、毎日の生活の上でとても役に立っています」「学校でのＳ男の生活の様子がよくわかります」等という感想を連絡帳に書いてくれるようになった。学級だよりを通して、学校でのわが子の生き生きした様子が伝わってくるし、学級だよりを媒介にして子どもと親が対話するようになってきている。

5．おわりに

　本研究を閉じるにあたって、研究の結果と今後の課題について以下にまとめをする。

① ７年間にわたる学級だよりの実践を３つに時期区分（草創期－形成期－充実期）して考察したが、自閉症の子どもの入級を機会に、第３期から学級だよりを発行するねらい（目的）に言語能力を身につけさせることを加えたことが、教師－子どもの相互作用をはかる結果となり、学校経営の有効な手段となった。

② Ｓ男の変容が示すように、教師－子ども、子ども－子ども、教師－親－子どもといった相互作用を形成することになった。すなわち、学級だよりを媒介にすることで、家庭の協力が得られやすくなり、実践にダイナミックさが出てきた。

③ 学級だよりの内容を工夫することを契機に、国語科や美術科等といった他の授業に連続性や発展性をもたせ、子どもたちの期待や楽しみを大きく助長し、意欲的・能動的に取り組ませ、生活に広がりをもたせた。

　以上の３点において教師、子ども、学級全体、親の相互の関係を動的に変化させていったと考察される。

注

1　小川英彦（1991）：精神遅滞児教育における授業研究の動向発達障害研究、13（2）、140-143

2　大西誠一郎・丸井文男・村上英治・秦安雄・江見佳俊・鈴木康平・荻野裡・平野典子・冨安芳和・冨安玲子・山田良一・生源寺靖浩（1964）：特殊学級における教師・児童の人間関係に関する研究－授業分析をとおして－。名古屋大学教育学部紀要－教育心理学－、11、53-68

3　小川英彦・河相善雄（1990）：障害児教育における教育効果測定に関する一考察（II）－教師と子どもの相互作用を中心として－。治療教育学研究（愛知教育大学障害児治療教育センター）、11、85-94

4　小川英彦（1989）：読み聞かせで生きる力を育てる－書きことばの獲得をめざして－。福祉研究（日本福祉大学社会福祉学会）、60、73-80

5　斎藤浩志（1988）：教育実践とは何か。現代教育学事典、171-173

6　小川英彦・河相善雄（1991）：障害児教育における教育効果測定に関する考察。日本精神薄弱研究協会第26回研究大会発表論文集、72-73

7　前掲3）92

第7章　青年期障害者の人格形成と集団（試論）

1．研究の目的

　昨今、養護学校高等部の教育内容をめぐる話題がクローズアップされてきている。たとえば、手元の研究誌をみてみると、『発達の遅れと教育』においては「これからの高等部教育」（1991年）と題して特集を取り上げている[1]。また、日本特殊教育学会の第30回大会では「障害児の後期中等教育保障」というシンポジウムが設定されている[2]。このように高等部教育の課題が提起される中、中学校の特殊学級と養護学校高等部で知的障害教育に携ってきた筆者は、「青年期」という時期を迎えた障害者に必要な教育内容はどうあればよいのかといった点に問題意識をもっている。すなわち、青年期に至るまでの人生経験・生活年齢を考慮した上での教育の中身、これから成人期となる過渡期にふさわしい教育内容の検討といった点である。

　ところで、戦後の知的障害教育の変遷をみると、中学校の特殊学級や養護学校高等部においては、教育課程の柱に「作業学習」を位置づけてきたという経緯がある[3]。この「作業学習」では知的障害の特性を考慮して技術的能力の形成よりも態度習慣の形成に力が注がれ、「言われたことにただ従う」「黙々と働く」などが指導目標として強調されてきている。こうした指導目標のもとでは、どうしても「望ましい（と考えられる）」行動を他律的に繰り返すという方法が全面に出され、「自ら考える」「試行錯誤する」という行動は含まれにくいという結果を生み出さざるをえなくなるといえよう。すなわち、パターン化された行動を身につけさせようとする指導が先行されるゆえ、「柔軟な」「選択できるような」「自己判断できるような」対応ができないという弊害が生じてくるのである。対象とする子どもの障害が重度化してきている今、「作業学習」が生きる力の形成になりにくいといった問題を内包しているのではない

かという疑問が沸いてくるのである。「発達的に見た『作業』のあり方」[4]
が検討されなければならないと思われる。

　障害児ばかりでなく健常児も含めて学校教育の機能、果たす役割とい
う根本的な面を考えると、「学ぶ」という行為を通して能力と人格の形
成をはかるという意義を軽視するわけにはいかない。そして、高等部
という時期を考えると、この「学ぶ」という行為自体が青年期を過ごすの
にふさわしいもの、青年期を充実させるものでなければならない。こう
した観点からは、青年期にいる障害者の願いや生き方をどう教育内容に
反映させるかという把握は、養護学校高等部や中学校の特殊学級という
学校教育の場に不可欠な重要な課題であるように考えられる。「高等部
教育があっても青年期教育はない」という問題をはらんでいると指摘で
きるのではなかろうか。

　さて、筆者は知的障害教育における授業研究についての研究動向をま
とめ、その論文の中で1980年代よりこの研究分野は幅広く行われるよ
うになってきており、特に、養護学校における授業もその対象となって
きていると指摘した[5]。こうした1980年代以降の養護学校での知的障
害教育の授業が研究対象として着目されるようになってきた背景のひ
とつには、1979年の養護学校教育義務制の実施という社会的な要請が
あったと考えられる。つまり、義務制実施を契機に重度の障害のある子
どもが徐々に増加するようになったから、教育の中身、授業をどう展開
すればよいのかという新たな研究の課題が生じてきたからだと把握でき
よう。換言するなら、養護学校の教育内容をめぐる「転換期」になって
きたと考えられる。

　本研究は、筆者が勤務する知的障害養護学校における授業実践を研究
対象として、「青年期－高等部教育の質を考える」といった包括的な研
究テーマを自ら位置づけて1991年より行ったものである。青年期障害
者が生き生きと学校生活を送れるにはどのような授業をしたらよいのか

を検討するため、仮説を提起し、その仮説を実践で検証するという方法を試みることにした。そして、青年期－高等部教育の実践をめぐる原則を導くことができればというのが本研究の主な目的である。具体的な授業場面は、高等部の教育課程で特別活動として位置づけられている生徒会活動を取り上げ、そこで展開される青年期障害者の能力人格形成と集団組織の面に着目して分析してみることにする。本研究が 21 世紀の障害児教育を切り開いていくための、知的障害教育の授業研究を展望していくためのひとつの礎石になれば幸いである。

２．仮説の提起

　仮説を述べるにあたって、青年期障害者の教育や福祉での取り組みの中から青年期の特質やカリキュラム、及び集団の発展について示唆に富むと考えられるいくつかの先行研究を以下におさえておきたい。（傍点－筆者）

　峰島厚は、社会福祉法人ゆたか福祉会のケース検討結果より、人格的自立をなしとげていく過程で青年期の特質を①子どもらしさからの脱皮、②家族からの自立、③社会人の仲間入りの３点を指摘している[6]。

　また、森下芳郎は、養護学校高等部の実践を行う際「①生徒たちが、社会人や大人になることを、自分の中に取り込むことを援助する教育、②大人の体になること、つまり、男性の体になること、女性の体になることを積極的に受けとめた教育、③青年像と青年の自己意識の重視、まわりが子どもに対してもう主観的思いと、青年本人の自分についての主観的思いの重視、④自立とは連帯の拡充であること、自己の要求の実現はけっして孤独な活動でなく、自分と他人との共同の活動である」[7]という人格発達の点に注目している。

　さらに、1990 年に開校された学習障害児の“高校”見晴台学園の教育目標をみてみると、「他人に依存したり従属するのではなく、自らの意

思と能力にもとづいて人間らしい生活ができるよう」[8] と人間的自立を掲げている。そして、この目標を達成するために組まれたカリキュラムは、「認識と表現〔教科〕」と「生活と自治〔教科外〕」の二本の柱より構成されている。その後者では、①ホームルーム、②生徒会、③自由課題研究、④人間シリーズ、⑤行事となっている。

　ところで、浅野誠は図 7-1 のように発達段階と生活指導の内容の関連を整理している [9]。この図 7-1 は集団の発展のあり方が個の発達と対応してどう変化するのかといった点で示唆的であると思われる。青年前期に注目してみると「現実社会の層の導入」が始まり、「集団自治の層の確立」の時期に相当すると指摘されている。具体的な集団としてクラブなどの目的共有グループ、全校集団や生徒学生組織の重要さがあげられている。

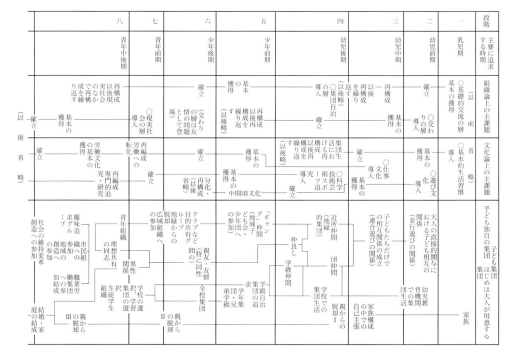

図 7-1　子どもの発達と生活指導の教育内容の概観（出所：浅野誠『子どもの発達と生活指導の教育的内容論』）

88

　これらの見解からは、青年期においては自他の交流を通しての自我形成、他人に気づき自分を表現すること、つまり集団の中で人格が形成されていくといった点を学ぶことができる。青年期－高等部教育の独自な課題として生活経験のもつ意味（12、3歳〜18歳[10]という生活年齢の蓄積の中で変化してきているもの）を考える必要はもちろんのこと、青年期障害者が社会に目を向けれるようにすること（社会性の獲得）、集団と人格形成の関連という面から授業を提起していく課題があると考えられる。

　ここでは、集団の質に着目して仮説として「①目的を共有できるような集団、②障害者自身が運営に携れるような集団、③学部全体で構成される大きな集団（集会活動）、④社会に目を向けさせるような集団を組織することが、『所属意識』（この集団に所属して楽しかった良かったという意識）と『目的意識』（集団の目標を達成していこうとする意識）をもたせ、青年期障害者の内面を豊かにし発達を保障することになる」ことを提起してみたい。次に仮説を検証するために試みた生徒会活動の取り組みで、集団に焦点をしぼって述べることにする。

3．実践での検証
（1）生徒会活動

　1991年から、高等部では生徒会が組織され図7-2のような委員会活

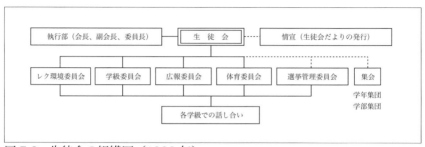

図7-2　生徒会の組織図（1993年）

動や高等部集会での集団活動を通して、学部内で子どもたちの生き生き
とした交流がなされてきている。1993 年の生徒会の目標は、集団活動
に重きを置いて、①できる限り、生徒に自発的・自治的な活動を経験さ
せることにより、集団の一員としての役割を自覚させ、協力的な人間関
係を育てる。②生徒の意志、総意や興味をできるだけ生かし、一人一人
が充実感のもてる集団活動を経験させる。③障害の重い生徒にも取り組
めるような内容を取り入れ、積極的に参加させる。の 3 点である。図
7-2 からは学級集団（各学級での話し合い）、委員会集団、そして集会で
の学年集団と学部集団といった多様な集団を構成して生徒会が成り立っ
ていること知ることができよう。

（2）委員会での集団活動

　1993 年度の委員会は、学級委員会、広報委員会、体育委員会、レク
環境委員会、選挙管理委員会（前期と後期の生徒会役員選挙のときに開
会）から構成され生徒全員がいずれかの委員会に所属するようにしてあ
る。各委員会の活動は、日頃の教育活動に参加できるようにねらった「定
期的活動」と、学校（学部）行事に協力できるようにねらった「行事活動」
に分けることができる。表 7-3 にそれぞれの活動を整理しておいた。た
とえば、学級委員会を例にとると、本年度のテーマは「なかよく、かつ
やくして、まとまりの場に」とし、生徒会目標を子どもにわかりやすい
ように表現している。さらに、高等部集会を計画し、集会の司会進行と
いった定期的活動があるように、子どもが主役となれるよう、自分たち
でできるだけ運営できるような工夫がなされている。また、運動会の学
校行事にみられるように、広報委員会からのアナウンス、体育委員会か
らの選手宣誓等各委員会の協力体制のもと、有効に生徒会全体が機能で
きるように配慮している。

表7-3　委員会活動計画（1993年）

	学級委員会	広報委員会	体育委員会	レク環境委員会
目標	みんなが参加できる高等部集会をつくろう。	学校放送を充実させよう。学校新聞をつくろう。	体操やランニングをみんなでしっかりやろう。	高等部みんなの力で委員会をつくろう。レク環境委員会を輝く委員会にしよう。
テーマ	なかよくかつやくしてまとまりの場に	よりよい昼の放送をめざす。いろいろな行事で放送関係の仕事をする。テレビ番組をつくろう。楽しい学校新聞をつくろう。	準備は早くすすんでやろう。みんなの先頭に立ち、元気に運動しよう。	学校をきれいにゲームで楽しもう
定期的活動	①高等部集会の計画を行う。②高等部集会の司会進行を行う。③学校のいろいろな仕事を中心になって行う。	①昼の放送を行う。1学期：3年　2学期：2年　3学期：1年②全校集会の準備、後片付けをする。1学期：3年　2学期：2年　3学期：1年③行事を通じてビデオ撮影を行ったり、テレビ番組を作成したりする。④学校新聞を作成する。	①ランニング及び体育時の準備、後片付けをする。（ライン引き、カセット・指令台の用意）②整列の時の声かけをする。③みんなの前に出て体操をする。④リズム体操終了時のモップがけを行う。	①学校の校庭の石ひろい、草取りを行う。②体育室の床みがきを行う。③高等部集会で行うゲーム等をやり、みんなで楽しむ。
行事活動	高等部の色々な行事での実行委員をできるだけ兼ねて行う。	①体育大会のアナウンス等をする。②学部行事で手伝うことがあれば積極的に参加する。	①運動会に積極的に協力する。②学部行事に協力する。	運動会前に石ひろい、作品展前に体育室の床みがきなどをして、行事に貢献していく。

（3）高等部集会での集団活動

　委員会より大きな集団を組織しようと、学部全体で構成される集団活動を第 3・第 4 土曜日を原則にして 1 時限目に行っている。1993 年度の年間計画は表 7-4 のようである。集会は、子どもの年齢、興味・関心、行事との関連を考慮して決定している。具体的には、生徒会役員選挙をはじめ、スポーツ大会、学校内外の奉仕活動、集団ゲーム、各学年の出し物等の活動から成っている。年間計画をもとに、生徒会顧問と生徒会役員（会長 1 名、副会長 2 名）が中心となって、学級委員会の場で、担当する司会や子どもの期待を盛りこんだ活動内容を決定していくことになる。そして、高等部の全職員で協議し内容をさらに吟味できるように「高等部集会実施計画書」（図 7-5）を事前に作成し配布するように努めている。子どもには、その日の集会名がわかるように大きな横断幕でアピールしたり、集団の雰囲気を盛り上げるように映像や BGM や歌詞カードの掲示等必要な教材をできるだけ用意し行っている。また、毎回の集会での様子をふりかえれるように映像を作成し記録化も行っている。

（4）学級での生徒会活動に向けての授業

　子どもの能力人格形成から考えると、生徒会での集団活動はそれはそれで有効であるといえようが、より確かな諸能力を培うためには日頃の授業との結びつきをはかるということが重要となる。

　今、教育課程の基本的枠組に目をやると生徒会活動は「教科活動（陶冶）」「生活活動（訓育）」「養護活動（体育）」[11] の関係構造の中で、2 番目の「生活活動（訓育）」に位置づけられよう。図 7-6 の 3 つの領域は、それぞれの独自性をもちつつも、子どもの能力人格形成、生きる力の形成をはかる上では密接な関連をもって展開されることになる。すなわち、実践では授業「生活単元学習－単元『生徒会役員選挙をがんばろう』－」（10 時間完了）として設定され、他の教科学習との関連性を含みながら

表7-4　高等部集会年間計画（1993年）

回数	月日	委員会及び高等部集会
1	4/17	新入生歓迎会
2	4/24	ジャンボ輪投げ大会、下校指導
①	5/1	委員会(学級、広報、体育、レク環境)
3	5/15	前期生徒会役員選挙立会演説会、投票
4	5/22	前期生徒会役員選挙認証式、下校指導
5	5/29	3年生のだしもの
②	6/5	委員会(学級、広報、体育、レク環境)
6	6/19	スポーツ大会
7	6/26	スポーツ大会、下校指導
③	7/3	委員会(学級、広報、体育、レク環境)
8	7/17	クリーン作戦
④	9/4	委員会(学級、広報、体育、レク環境)
9	9/18	スポーツ大会
10	9/25	スポーツ大会、下校指導
⑤	10/2	委員会(学級、広報、体育、レク環境)
11	10/16	後期生徒会役員選挙立会演説会、投票
12	10/23	後期生徒会役員選挙認証式、下校指導
13	10/30	2年生のだしもの
⑥	11/6	委員会(学級、広報、体育、レク環境)
14	11/20	トントン相撲南養場所
15	11/27	人間ボーリング大会
⑦	12/4	委員会(学級、広報、体育、レク環境)
16	12/18	1年生のだしもの
17	1/22	スポーツ大会
18	1/29	スポーツ大会、下校指導
⑧	2/5	委員会(学級、広報、体育、レク環境)
19	2/19	鬼なかせゲーム、下校指導
20	2/26	クリーン作戦
21	3/5	卒業生を励ます会
22	3/19	上映会

集会名	立会演説会・投票・選挙速報	
ねらい	・選挙活動を通して、生徒会の活動を楽しませるとともに、生徒会への意識を高めさせる。 ・投票の方法を経験させる。	
日　時	５月１５日（第３回）	場所　→　運動場 　　　→　体育室

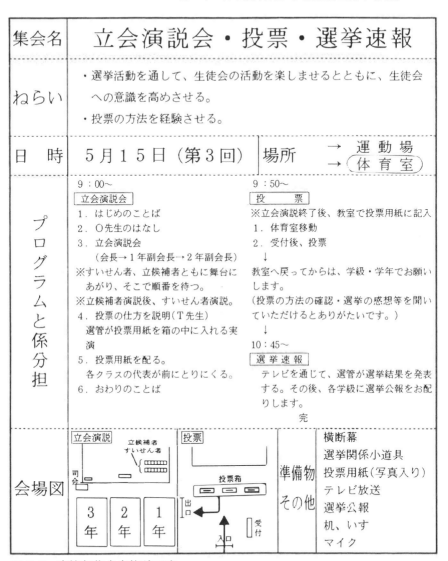

| プログラムと係分担 | 9：00〜

立会演説会
1．はじめのことば
2．○先生のはなし
3．立会演説会
　（会長→1年副会長→2年副会長）
※すいせん者、立候補者ともに舞台にあがり、そこで順番を待つ。
※立候補者演説後、すいせん者演説。
4．投票の仕方を説明（T先生）
　選管が投票用紙を箱の中に入れる実演
5．投票用紙を配る。
　各クラスの代表が前にとりにくる。
6．おわりのことば | 9：50〜

投　票
※立会演説終了後、教室で投票用紙に記入
1．体育室移動
2．受付後、投票
　　↓
教室へ戻ってからは、学級・学年でお願いします。
（投票の方法の確認・選挙の感想等を聞いていただけるとありがたいです。）
　　↓
10：45〜

選挙速報
テレビを通じて、選管が選挙結果を発表する。その後、各学級に選挙公報をお配りします。
　　　　　　　　　　　　　　完 |

| 会場図 | （会場図：立会演説／投票／準備物その他） | |

横断幕
選挙関係小道具
投票用紙（写真入り）
テレビ放送
選挙公報
机、いす
マイク

図7-5　高等部集会実施計画書

（学習指導案においては、本時の指導の「関連」に記載される）「生活活動（訓育）」領域の生徒会活動へ反映されていくことになる。ここでは、生徒会活動を展開する上で最も基底部をなす学級集団づくりに重きを置き、そこで展開されている生徒会活動に向けての授業（学習指導案）を取り上げ授業場面を紹介することにする。

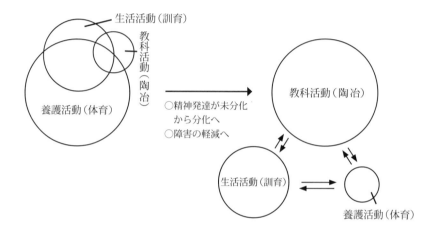

図 7-6　教育内容基本構造の変化・発展（田中良三、1991 年）

資料：養護学校高等部「生活単元学習」学習指導案

平成4年10月3日（土曜日）第2時限（9:30~10:10）

指導者T1（全体指導）

T2（1班指導）

T3（2班指導）

〈1〉単元　生徒会役員選挙をがんばろう

〈2〉単元について

（1）単元の意義

　「指導計画の作成に当たっては、積極的な集団活動が行われるように配慮する」「生徒の経験を広め、社会性を養い、好ましい人間関係を育てる」ということが、『盲学校、聾学校及び養護学校高等部学習指導要領』の「第4章　特別活動」に掲げられている。

　特別活動のうち、学校行事（学芸的行事、体育的行事、遠足・旅行的行事、勤労生産的行事等）については、生活単元学習の単元を構成する際の中心に位置付けられることが多く、たとえば、学習発表会、運動会、遠足、修学旅行などの単元が計画、実施される。

　『学習指導要領』にうたわれている集団活動を通して社会性や人間関係を培わせる活動のひとつとして、生徒会活動があると考えられる。本単元では、生徒会活動の大きな柱である生徒会役員選挙の成功をめざして、生活単元学習として事前・事後指導で「生徒会役員選挙をがんばろう」を展開していくものである。すなわち、高等部の特別活動を、他の学部行事を遂行する時と同様に生活単元学習との関連をもたらし設定できるのではないかと考えるのである。特別活動をさらに有効に、円滑に展開するための方策として生活単元学習との相互の結びつきをはかっていこうとするものである。

　この単元は、前期の生徒会活動の盛り上がった場面を映像で思い出す、学級会という話し合い活動を取り入れるといった事前指導と、当選後の

祝勝会という事後指導から構成されている。こうした総合的な学習を設定することにより生徒の社会性はもとより、自立的な力・自主性を促したいと考える。

（2）系統的に見た位置

　生徒は、昨年度より高等部に生徒会が組織されたことによって、委員会や高等部集会等で活躍、発表する場が与えられている。こうした昨年度からの活動の積み重ねが、生徒の楽しみや意欲につながっている。

　そこで、本単元では、生き生きと活動できた前期の生徒会活動の映像を見ることを通して、これまで培われてきた期待感をいっそう助長することができるのである。また、2学期にはいろいろな学校（学部）行事があり、学級でのまとまりが求められるが、本単元を端緒に、学級の雰囲気をさらに作り、生徒の士気を高めさせていくことができる。

（3）単元と生徒の関係

　本学級の3名の生徒は、前期（4月～9月）において、生徒会長、体育委員長、広報委員長を体験した。この半年間での学級、委員会、高等部集会での活動が、生徒のやりがいや充実感を促している。そして、これらの生徒からは「後期も生徒会役員になりたいなあ」という声が聞こえるようになってきている。

　「生徒会役員選挙をがんばろう」という単元を設定することは、自分のためだけではなく、学級や学校（学部）のために活躍しようという気持ちをもたせ、自分から進んで活動しようという自立的な力・自主性を身につけさせていくことになる。さらに、学級の雰囲気を盛り上げることができ、学級全員のやる気を起こさせ、協力していかなければならないという場面設定をつくることにもなる。

〈3〉目標

（1）学級全員が力を合わさなければならないという気持ちをもたせる。

（2）学級全体のやる気を起こさせ、盛り上がりをつくらせる。

（3）学級・学校（学部）のために活動するのであるという自覚をもたせる。

（4）立候補する生徒には人前で話すときのマナーや選挙上の諸注意を学ばせる。

（5）生徒会役員選挙を進めるにあたり、意欲を出させ自信をつけさせる。

〈4〉指導計画（10 時間完了）

（1）前期の生徒会役員からの活動状況・反省会……1 時間

（2）前期の生徒会活動で楽しかったことの発表会……1 時間

（3）前期の生徒会活動の映像上映会

　　　後期の生徒会活動の日程、予定の報告会

　　　学級での立候補者の受付会・激励会……1 時間

　　　　　　　　　　　　　　　　　　　　［本時 3/10］

（4）立会演説の立案・練習会……2 時間

（5）選挙活動の小道具作成会……3 時間

（6）選挙時の映像鑑賞会……1 時間

（7）当選者の抱負・決意発表会、おれい会選挙事務所の解散式……1 時間

事前指導……8 時間（（1）～（5））

事後指導……2 時間（（6）～（7））

〈5〉本時の指導

（1）目標

ア　前期の生徒会活動の映像を見させ、楽しかった活動を思い出させ

　る。［上映会］
イ　後期の生徒会活動の日程、予定を発表させ、知らせる。［報告会］
ウ　後期の生徒会で行ってみたい活動を話し合わせる。［報告会］
エ　立候補したい者を受付させ、激励させる。［受付会、激励会］

（2）本時に直結する生徒の実態

班 指導者	生徒名	障害	映像を 見る	思い出を ふりかえる	人前で 発表する	人の話を 聞く	紙を受け取る 握手する
1 班 T 2	F男	自閉症	△	△	△	△	△
	Y男	知的障害	△	△	△	△	△
	H男	知的障害	◎	○	○	○	◎
	K男	知的障害	◎	○	○	◎	◎
2 班 T 3	S男	自閉症	○	△	△	△	△
	K女	知的障害	△	△	△	△	△
	N男	知的障害	◎	○	○	◎	○
	S女	知的障害	◎	◎	○	◎	◎

（3）個人目標

班	生徒名	個人目標
1班	F男	［上映会］映像に集中して、見させる。
	Y男	［受付会］立候補者用紙を受け取らせる。
	H男	［報告会］後期で行ってみたいことを発表させる。
	K男	［激励会］立候補したい気持ちを述べさせ、握手させる。
2班	S男	［上映会］映像に集中して、見させる。
	K女	［受付会］立候補者用紙を受け取らせる。
	N男	［激励会］立候補したい気持ちを挙手で表現させる。
	S女	［報告会］後期の日程、予定を発表させる。

（4）準備

　指示棒［1］、スクリーン、映写機、延長コード、後期の生徒会活動
の日程・予定表、役員・委員の表、氏名札、カード（学習内容、個人目標）、
立候補者用紙の受付場

（5）関連

　特別活動……生徒会委員会、高等部集会、生徒会だより学級会、国語
［「聞く」「話す」という言語指導］

（6）指導過程

時間配分	指導内容	学習活動	指導上の留意点	評価の観点と方法
1分	1, あいさつ	1, 始業のあいさつをする。	○日直のK女に指導者の補助で号令をかけさせる。	○T1の顔を見てはっきりあいさつできたかを生徒の声や体の動きからつかむ。
3分	2, 本時の説明	2, 本時の学習内容を知る。	○学習内容を書いた用紙を掲示して、集中させる。	○学習内容や個人目標が分かったかを生徒の反応を見てつかむ。
15分	3, 前期の生徒会活動の映像上映会	3, 映像を見て、思い出す。	○指示棒でスクリーンを示したり、活躍している場面が出てきたときにコメントする。 ○スクリーンに映しだされる生徒個々に声かけをして集中させる。 ○T2、T3が机間巡視して、上映会の雰囲気を高めさせる。 ○H男、N男に前期の感想を発表させる。 ○F男、S男には声かけをしたり、T1が横に立って指差しして注意をもたせる。	○スクリーンに集中して静かに見ることができているかをつかむ。 ○楽しかった思い出を想起できているかを生徒の顔や言葉よりつかむ。

100

5分	4, 後期の生徒会活動の日程、予定の報告会	4, 日程予定を発表し、知る。	○前期の生徒会長のS女に発表させる。 ○ T1はS女の前期の健闘を全員の前で讃え、S女に成就感をもたせる。 ○質問があれば、挙手して出させる。 ○ H男に行ってみたい活動を発表させる。	○大きな声で、はっきりと話せているかをつかむ。 ○後期の活動に対して期待感がもてているかを顔の表情からつかむ。
10分	5, 学級での立候補者の受付会・激励会	5, 立候補したい生徒は受付を行う。	○受付場を設定して行う。 ○ Y男、K女には、受付場において立候補者からの立候補者用紙を受け取らせる。また、立候補者の健闘を期し握手させる。 ○ K男には意欲的に立候補させる。 ○ N男にはT1から助言し、挙手させる。 ○予想外の生徒が立候補した場合は、T2、T3の指示をもらい全員の前で納得させる。	○やる気が出ているかをつかむ。 ○学級全体の盛り上がりが起こっているかをつかむ。
5分	6, まとめ	6, 良かった点、がんばった点を発表する。指導者の評価と予告を聞く。	○ H男、S女に本時の感想を言わせる。 ○がんばった点や励んだ点については全員で拍手させ誉め合う。 ○ T1が本時の学習で良かった点を取り上げ、誉めて次回には立会演説の立案・練習、選挙活動の小道具作成があることを予告し、意欲をもたせる。	○正しく感想が言えているかをつかむ。 ○本時での達成度がどのくらいなのかをつかむ。 ○次回への意欲をもてているかをつかむ。
1分	7, あいさつ	7, 終了のあいさつをする。	○日直のK女に号令をかけさせる。	○けじめがついているかを生徒の体の動きからつかむ。

〈6〉備考

（1）個人目標に対する評価は、個別に行う。

（2）教室の座席配置

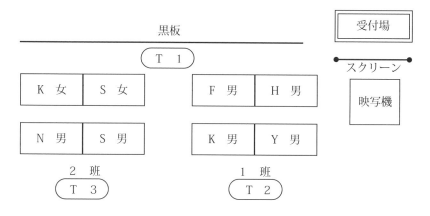

4．考察

　頭書の仮説（4つの集団の質に関して）に即して、実践してみた結果明らかになった点と今後の課題について以下にまとめを行ってみる。

　第1に、目的を共有できるような集団についてである。集団活動をさせる場合、ただ単に発達に遅れがあるからといった結果として現われた発達年齢に目を奪われるのではなく、生活年齢や青年期の生き方を配慮した上で目的を立案すること、共通する青年期に合った目的を立てることが集団を生き生きと躍動的に展開させることになると考えられる。授業「生徒会役員選挙をがんばろう」を取り上げたが、映像の上映会や鑑賞会や学級を選挙事務所に見立てるといった工夫が学級集団の盛り上がりを作っていくことになる。こうした学級集団の組織と合わせて高等部集会で選挙を行うという展開は、青年期を過ぎ成人になれば選挙権をもつという青年期障害者に共有する、近い将来の生活を想定した学習であり、かなりの現実感や期待感を抱かせる結果となった。

　第2に、障害者自身が運営に携れるような集団についてである。障害のある子どもの多くは、とかく集会活動で発表するような大役を果たす場面に出くわしたことがない。それゆえに、最初の頃は全校生徒の前で話すことをはずかしがったり、自信のなさそうな小声であったりする。ところが、学級での話し合い、委員会活動、集会という場面で経験を積み重ねるにつれ所属意識をもち、徐々に自信に満ちた、落ち着きのある言動へと変容してくる。すなわち、こうした過程には青年期に自我意識が発達することとあわせて、自分がやりたいことを発見し、それを行っていくこと自体が能力人格形成に寄与しているということが考えられる。

　第3に、学部全体で構成される大きな集団（集会活動）についてである。日頃の学級集団とは相違した学年集団さらには学部集団を意図的に組織していくことは、小さな集団では醸し出されにくい雰囲気を形成することができるという有利さがある。学級という枠を超えて子どもたち相互のかかわりが生ずるのはもちろん、時空間を広げその中で活動することが青年期の重要な教育課題といえよう。そうしたダイナミックな活動が、一方で子どもたちの期待感や楽しみといった内面を豊かにし、他方で全体で取り組んでいるのであるという盛り上がりや充足感をもたらすという相乗効果が働いていると考えられる。

　第4に、社会に目を向けさせるような集団についてである。学習指導案においては、生徒会活動の日程、予定の報告会から立候補者の受付会・激励会という授業の流れを設定してある。つまり、社会で行われている選挙活動（運動、立候補届）を想定してのことである。授業「生徒会役員選挙をがんばろう」という設定も社会性を獲得させることと密接に関連している。その他、スポーツ大会、地域での奉仕活動、映画鑑賞会といった活動は、成人になれば経験するであろうと思われ、その趣味的な活動を学校教育の中で準備していくことに集会活動の意義があると考えられ

る。こうした青年期にふさわしい活動を取り組むことにより、学習や生活への意欲や活気を示すことはよく見られることである。そして、集団の中で仲間から承認や賛同を得られるといった経験が社会的な役割として意識されていくことになると考えられる。

　以上、高等部教育を「青年期」という視点からとらえ、人格形成と集団の質についての検討を実践的に行った。今後は、福祉（作業所・授産所の実践）からの労働の人格発達への寄与についての提起[12]に学び、青年期にいる重度障害者への教育内容を創造していくという課題について検討を加えていきたい。

注
1　全日本特殊教育連盟『発達の遅れと教育』No.398, pp.4-49（1991年）。
2　日本特殊教育学会『第30回大会発表論文集』S22-S25（1992年）。
3　小出進「教育課程における位置づけ」（『実践作業学習－働く力を育てるために－』pp.14-18, 1992年）。
4　迫ゆかり「戦後精神薄弱教育における『作業教育』の変遷」（津曲裕次、清水寛、松矢勝宏、北沢清司『障害者教育史』pp.282-287, 1985年）。
5　小川英彦「精神遅滞児教育における授業研究の動向」（日本発達障害学会『発達障害研究』第13巻第2号, pp.60-63, 1991年）。
　　河相善雄、小川英彦「障害児教育における教育効果測定に関する考察（I）」（愛知教育大学障害児治療教育センター『治療教育学研究』第11輯、pp.65-83, 1991年）。
6　峰島厚「生涯にわたる系統的な発達保障」（『障害児教育実践体系』第7巻成人期, pp.2-11, 1984年）。
7　森下芳郎「職業的自立から人格的自立への青年期教育をめざして」（全障研『障害者問題研究』第59号, pp.58-71, 1989年）。
8　見晴台学園『みちを拓く－見晴台学園の開校と2年間の歩み－』pp.38-39, 1992年。
9　人間発達研究所『集団と人格発達〔講座〕青年・成人期障害者の発達保障3』, pp.80-81, 1989年。
10　秋葉英則「青年期の発達的特質〔青年期の区分〕」では18歳までとそれ

以後の2つの時期に区分している。(青木一、大槻健、小川利夫、柿沼肇、斎藤浩志、鈴木秀一、山住正己『[現代] 教育学事典』, pp.484-485, 1988年)。

11 田中良三「教育内容の組織」(大久保哲夫、締穎建史、三島敏男、茂木俊彦『障害児教育実践ハンドブック』pp.95-108, 1991年)。田中は論文「戦後、障害児教育課程の編成原理と構造」(1981年)の中では、「教科指導」等「指導」という用語で提起していた。今回の論文ではそれを「活動」という用語でもってとらえ直しを行っている。この点に関して、筆者は「発達の主体者としての子ども」「子どもの側に立つ教育課程づくり」という観点に立つとき、このとらえ直しが、より実践的でリアルであると評価できると考えている。

12 秦安雄「青年期・成人期障害者の発達をめぐる諸問題」(全障研『障害者問題研究』第46号, pp.11-23, 1986年)。加藤直樹「成人期障害の人格発達をめざす労働保障の今日的実践課題」(共同作業所全国連絡会『障害者地域生活援助研究』No.2, pp.46-60, 1992年)。

第8章　障害児教育における授業評価に関する研究
－精神遅滞児の働く力の変容過程の分析を通して－

　1960年代以降、障害者教育における理論は、授業過程に関する研究を発展させてきた。養護学校に在籍する精神遅滞児についてこの研究課題は年々増してきている。先行研究では、1）教師の指導に関するカテゴリー研究、2）評価法に関する研究などが進められている。そこで、本研究の目的は、評価法を検討することにある。この研究課題を明らかにするために、次のような事項を検討してみた。1）評価表の効果的な使用、2）自由記述法の使用についてである。

1．はじめに

　小川（1991[1]）は、1960年代以降今日に至るまでの授業研究のプロセスを明確にした結果、「授業評価のための分析項目と評価視点の抽出に関連する研究が進められる必要がある」という今後の研究課題を導いた。さらに、39編の研究論文を調査対象に継続研究を行った。そこではどのような評価法が駆使されカテゴリー分析がなされているのかといった検討をした（小川、1993[2]）。

　ところで、中内（1988[3]）は評価という用語を「子どもの学力や行動を評定する仕事であるとともに、このことをとおして教師の実践や教育条件を評定する仕事である」と説明している。すなわち、評価を実施する目的は児童生徒に次への目標を与えるとともに、教師自らに次への教育プランを立てるための資料を得させることにあると解することができる。

　評価という仕事は、教育過程のすべての時点でなされると考えられるが、本研究では現場実習とそれを行うにあたっての生活単元学習における事前と事後の授業を研究対象とし、働く力を形成するための指導方法の工夫と評価法を検討することを目的とした。

２．方法

（1）実践の概要

　本研究で生活単元学習と現場実習における評価法を取り上げる理由は、働く力をできるだけ効果的に培う指導の形態を求めているからである。大南（1993[4]）は、指導の形態を有効に結びつける意義を指摘しているが、ここでは現場実習や作業学習の指導と接点になる学習を生活単元学習にして授業を展開してみた。

〔授業（平成６年１月から３月）の位置づけ〕

　・事前（生活単元学習）：４時限

　　１時限：昨年度の現場実習の映像鑑賞（授業 A）

　　２時限：現場実習先の会社や作業所を知る、現場実習場面を想定した寸劇（授業 B）

　　３時限：実習日誌の書き方・出勤簿のつけ方、各自の目標・決意発表（授業 C）

　　４時限：現場実習壮行会（授業 D）

　・現場実習（作業学習）：34 時限

　・事後（生活単元学習）：４時限

　　５・６時限：現場実習先へお礼状を書く（授業 E）

　　７・８時限：自分たちの現場実習をビデオやスライドフィルムでふりかえる反省会（授業 F）

（2）対象

　平成５年度、名古屋市立南養護学校（知的障害養護学校）高等部２学年の生活単元学習「現場実習をがんばろう」という単元を分析対象として、抽出児 T 女の働く力が形成されていく過程に着目した。

〔T女のプロフィール〕

　生年月日：昭和51年5月生

　障害：知的障害IQ53（平成3年2月全訂版田研田中ビネー式知能検査）左耳聴力なし、言語不明瞭。

障害者職業センターの検査結果及び所見：

　S-M社会生活能力検査（SQ100、SA13才0ヵ月）等。スピードは遅いが、耐性がありこつこつと取り組む中で、作業に慣れ、生産量を上げていくことができそうである。本人に自主性・積極性が育ってくれば、意思伝達に関し不利な面もカバーされ、人間関係も円滑になるのではないか。

（3）評価法の利用

　中澤（1989[5]）は、指導計画作成の段階で行われる診断・配置的評価、授業を進める中で、計画を変更したり修正したりするために行う形成的評価、単元終了後に授業の成果を総括的にチェックする総括的評価という段階に応じた評価の必要性を提起している。そこで、本研究においては以下の3つの授業段階に分けて評価法を設定してみた。

1）StageI における評価法（現場実習以前）

　授業評価研究を先駆的に行っている水越（1982[6]、1987[7]）の論文を手がかりにして、表8-1のような5つの項目から成る「抽出児追跡授業評価表」を設定してみた。ここでは学年・学級全体の反応と抽出児（T女）の反応を対比できるようにし、教師の自己評価はプラン改善をはかれるようにした。なお、この評価表は学習指導案の評価欄で有効に使用できるように配慮したものである。

表 8-1　抽出児追跡授業評価表

授業展開	教師の働きかけ	学年・学級全体の反応	抽出児（T 女）の反応	教師の自己評価	備考
授業A	昨年度の現場実習の映像を鑑賞させる	映像に映される知っている生徒の様子に注目している	仕事への見通しはあまりなく、「むずかしそう」と発言している	生徒は自分の実習先が知らされていないので、漠然としている	視聴覚教材の利用
授業B	現場実習先を知らせ、想定した寸劇を見せる	寸劇を通して仕事で行って良いことと悪いことの判断ができる	随所で楽しそうに笑っている。「おもしろい」と発言している	現実の仕事との差はあるものの少しずつ働く場へのイメージをもたせることができている	教師らが出演した劇化の工夫
授業C	実習日誌と出勤簿の書き方を知らせ、各自の目標や決意を発表させる	各学級の代表生徒が黒板に掲示してある見本拡大実習日誌に記入する感想を発表する	良かった欄に「まわりの人からほめられる」と記入する	自己認識できるように配慮したので、働くことへの心構えが形成できている	シュミレーション活動
授業D	現場実習壮行会を体験させる	事前に学級だよりで予備知識を得ていたので、かなりの盛り上がりがあり、多くの発言がある	「パンをがんばってつくります」と大きな声で決意表明し、励ましソングを元気よく歌う	2日後に現場実習が迫ってきたという緊迫感や現実味をもたらすことができている	直前での士気を高めるセレモニー
授業E	現場実習先へお礼状を書かせる	ポストへの投函も行い、成就感や安堵感を抱いている	「会社へ行って最初は緊張をしながら仕事をやっていましたが、2日目はちょっとなれました。いろいろな仕事を教えてもらって話をしてくれてうれしかったです。KさんH部長さん、いろいろお世話になりました。アリガトウゴザイマス!!」という文面を書く	自己の経験をふりかえることができている	国語や社会の教科と関連をもたせた総合的学習
授業F	自分たちの現場実習を映像で振り返らせる	マイクの前で生き生きと発表する生徒が数人いる	Kさんから仕事を教えてもらったこと、お礼状への返信書状が届いたことを発表する	卒業後に働くという仕事観の形成に役立っている	視聴覚教材の利用

2) StageII における評価法 (現場実習中)

　表 8-2 のような T 女に実習日誌をもたせ自由記述法という評価法を試みることにした。これは、自己評価を記述することによって、自己意識や自己診断力を形成するという点、それと現場実習を行う過程での成就感・自信・つまずき・葛藤という心理的変化を明らかにするという点をねらったためである。

表 8-2　自由記述法による実習日誌の T 女の自己評価

月日	今日、自分が行った仕事	しごと	あいさつ	良かったこと	悪かったこと
2月21日(月)	・鉄板に油をひく ・シールをはる ・パンをふくろに入れる ・そうじをする	できた	あいさつした	話をしてうれしかった	帰りのタイムカードを押し忘れた
22日(火)	・パンをふくろに入れる ・パンをならべる ・パンのふくろを閉じる ・鉄板を運ぶ ・パンの向きをそろえる	できた	あいさつした	H部長さんが私の名前を呼んでくれたのでうれしかった	特になし
23日(水)	・パンをふくろに入れる ・パンをならべる ・鉄板を運ぶ ・パンの山を押さえる ・そうじをする ・ビニールしきをたたむ	たいへんできた	あいさつした	みんながあいさつをいってくれて私もあいさつをしました	特になし
24日(木)	・パンをふくろに入れる ・パンをならべる ・鉄板に油をひく ・ビニールしきをたたむ	たいへんできた	あいさつした	私がH部長さんにあいさつをして、私のことばがわかったかなと思ってわかったみたいでよかった	特になし
25日(金)	・パンをふくろに入れる ・パンをならべる ・鉄板に油をひく ・ビニールふくろをたたむ ・鉄板を運ぶ	たいへんできた	あいさつした	みんなが「また来てね！」と言って、私は照れ笑いをしてうれしかった	特になし

　さらに、授業評価の効率化・効果化（清水, 1985[8]）をはかる目的から、働く力を具体的に細分化するという手だてが必要であると考えられた。そこで、働く力を①意欲・集中力・根気といわれる持続的意思、②仕事の工程や材料についての理解・見通し、③分業・協業といわれる協力性・社会性、④何のために働くのかという仕事観という 4 つの能力別観点に分けて図 8-3 のような「実習改善視点図」を作成した。そこでは①～④の能力別観点ごとに a（下）b（中）c（上）d（最上）という 4 つの基準を設定しておく。これら 4 つの能力が有機的に統一されたものが働く力であることから、それぞれの基準を結び、働く力の変化する様子がわかるようにした。なお、持続的意思と理解・見通しに関しては個人内で相互に深く影響し合う能力と考えられるので縦軸に、協力性・社会性と仕事観に関しては個人内だけでなく環境とのかかわりという次元で考える能力となってくるので横軸に、それぞれ設定してみた。

　また、T 女の働く力に対する評価を実習現場指導者の側からも行うことが、より客観性をもたせると考えられるので表 8-4 のような「実習現場指導者評価表」を設定してみた。この評価項目は、図 8-3 の①に照合して仕事への意欲・根気強さ、②に照合して仕事のやり方の理解・仕事に必要な知識、③に照合してあいさつ・周囲の人との関係とし、5 つの評価段階から成っている。

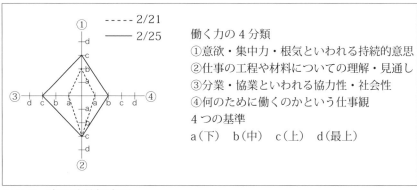

図 8-3　実習改善視点図

表8-4　実習現場指導者評価表

評価段階 評価項目	5段階	4段階	3段階	2段階	1段階	評価
仕事への意欲	積極的に仕事をやろうとする	いわれればその通りに動く	自分の気にいった事だけはやる	指示されてもなかなかやろうとしない	指示されても嫌がって手を出さない	4
根気強さ	時間いっぱい一生懸命頑張る	一応時間内は飽きずにつづけてやる	ときには仕事をやめてぼんやりする	一日のうち大半は手を休めている	すぐに飽きてウロウロしたり話をする	3
仕事のやり方の理解	一度説明すると間違いなくできる	手をとって教えるとあとは一人でできる	何回も説明すればどうやらできる	手をとって教えてもなかなかやり方が理解できない	やり方がわからなくて仕事にならない	4
仕事に必要な知識	自分以外の仕事との関係を知っている	全体の作業の中で自分の位置を知っている	自分の仕事や使用道具の名前が分かる	自分のやっている仕事の名前は分かる	自分のやっている仕事の名前もよくわからない	3
あいさつ	自分からだれにでも必ずする	ときどきする	特定の人のみる	黙っていることのほうが多い	ほとんどできない	4
周囲の人との関係	会社の人とだれとでも交流がもてる	直接関係のある人とは交流がある	話かければ返事はするが、自分から交流はもたない	同年齢の人ならば多少の交流はある	いつも一人で他の人とはほとんど交流がない	4

3) StageⅢにおける評価法（現場実習以後）

　図8-5のようなT女への面接法を4つの段階から行ったり、保護者の感想文を資料として評価することとした。そして、現場実習での働く様子を記録した映像を利用して関係教師間で行う事後検討会で討議する方法も用いた。

表8-5　T女との面接法結果

指導段階	面接法でのT女の応答
I. 事前段階 （授業ABCD）	「おもしろかった」 「実習が近づくにつれ緊張した」
II. 現場実習先との直前 打ち合わせ段階	「どのように人におしえてもらうのか気になった」 「少しやる仕事がわかったような感じがする」
III. 現場実習段階	「仕事がいろいろあったので、最初は迷った」 「まわりの人と話ができるようになったのが一番よかった」
IV. 事後段階 （授業EF）	「Kさんからお礼状への返信書状が来たのがとてもうれしく、また実習に行きたいという気持ちをもつようになった」

3．結果と考察

　第一に、抽出児追跡授業評価表は表8-1のような結果になった。T女は授業Aで「むずかしそう」と発言していたように、仕事や周囲の人とうまくやれるかどうかに対する不安や緊張があった。このことは図8-5の面接法の段階Iにも示されている。しかし、図8-5の段階IIでは現場実習先へ行き仕事を下見できたことで、表8-2の授業Dで壮行会では他の生徒に「パンをがんばってつくります」と決意表明を発表できるようになっている。これは、働くことへの期待感や意欲が形成され、構えをつくっていった過程と考えることができる。

　第二に、自由記述法は表8-2のような結果になった。表8-1と比較検討すると22日に「H部長さんが私の名前を呼んでくれたのでうれしかった」と自己診断している点に着目できる。さらに、T女は表8-2からは「みんながあいさつしてくれて」、図8-5の段階IIIからは「まわりの人と話ができるようになった」と述懐している。障害者職業センターの所見が示していたように、対人関係が広がっていく過程を読みとることができ

る。今、Ｔ女をⓉ、周囲の人をⓅと表すなら、（Ⅰ）Ⓣ←Ⓟの初期段階、（Ⅱ）Ⓣ⇄Ⓟの進展段階、（Ⅲ）Ⓣ⇄ⓅやⓉ⇄Ⓟの深化段階といった構図の変化を洞察することが可能である。このＴ女と周囲の人との相互作用がソシオグラム様に図示されるように緊密になっていくことは、与えられる仕事の数や量が増加していることでも裏づけられている。

　ところで、表8-4の実習現場指導者評価表に視座を置くと、あいさつと周囲の人との関係は評価段階4になっている。Ｔ女の人間関係がまあ円滑であるという評価がなされているのである。また、授業Ｆでは直接指導してくれたＫさんの返信書状に書かれてあった「始めての経験で緊張され…（中略）…実習でいくつかの仕事を覚え、まわりの人となかよく過ごすことができました」と発表できている。

　第三に、実習改善視点図は図8-3のような結果になった。図8-3はＴ女の働く様子の観察結果（毎日の記録用紙綴）、Ｔ女の実習日誌記録、映像収録、事後検討会での討議といった総合的な面から諸能力を評しているのであるが、③と④の横軸ののびが顕著であることが特徴的であり、協力性・社会性と仕事観を培うようになっていったと指摘できる。前述の表8-2・表8-5の分析のようにＫさんやＨ部長との交流がなされていったことが刺激となって、Ｔ女に仕事をやらなければならないという心づもり・決心を形成していったと考察することができる。この仕事観の形成については、「社会へ出て働く意味がほんの少しでもわかった」という母親の感想文にも表現されるようになった。

4．おわりに

　授業評価は授業の展開にあたっては不可欠といえる。なぜなら、授業が教育目標を成し遂げるために構想され展開されるものである限り、その活動の成果（達成度）を評しなければ授業そのものの発展性がなく、単に遣りっ放しという結果に終始してしまうからである。前述したよう

114

に障害児教育における授業評価をめぐっては、たとえばフランダースの相互分析カテゴリーを参考に研究を進めている中山（1984[9], 1986[10], 1987[11]）や柳本・都築（1983[12]）、篠崎・祝迫・桑原・浜本・木村・坂本・熊野（1982[13]）の授業診断票を利用した研究、宮本（1983[14]）の授業改善視点Ｔ型を工夫した研究などさまざまな研究の見地から提起され、各々の現場で使用されている状況である。しかし、まだ十分な評価の方法が確立されているわけではない。それゆえ、今後のこの授業評価を普遍化していくことは大きな課題であり、そのひとつの試みとして本研究が位置づけられれば幸いである。

注

1　小川英彦（1991）「精神遅滞児教育における授業研究の動向」、『発達障害研究』13（2）、140-143。

2　小川英彦（1993）「障害児教育における授業研究」、『福祉研究』、72、17-32。

3　中内敏夫（1988）「評価とは何か」青木一・大槻健・小川利夫・柿沼肇・斎藤浩志・鈴木秀一・山住正己（編）、『現代教育学事典』、638。

4　大南英明（1993）「職業教育と進路指導」、『発達の遅れと教育』、429、8-13。

5　中澤和彦（1989）「学習の成立を確かめる」、『発達の遅れと教育』、383、10。

6　水越敏行（1982）『授業評価研究入門』、122-152。

7　水越敏行（1987）「教育方法学（主として授業評価）の立場から」、『教育学研究』、54（1）、25-27。

8　清水貞夫（1985）「授業活動の評価とその生かし方」、『障害児の診断と指導』、4（2）、12-17。

9　中山文雄（1984）「精神遅滞児養護学校・特殊学級における授業分析の研究」、『岩手大学教育学部研究年報』、44（1）、99-112。

10　中山文雄（1986）「精神遅滞児教育における授業分析の研究」、『特殊教育学研究』、23（4）、16-27。

11　中山文雄（1987）「精神遅滞児教育における授業分析」、『障害児の授業研

究』、10、5-16。

12 柳本雄次・都築繁幸（1983）「障害児教育における授業分析の基礎的研究
（1）」、『心身障害学研究』、7（2）、57-67。

13 篠崎久五・祝迫秀博・桑原孝二・浜本征夫・木村武・坂本昭生・熊野庸祐
（1982）「生活単元学習における授業改善に関する実証的研究」、『日本特
殊教育学会第20回大会発表論文集』、140-143。

14 宮本茂雄（1983）『講座障害児の発達と教育10 －授業』、217-234。

資料：名古屋市の特別支援教育（障害児教育）の歩み

①名古屋教育史編集委員会『名古屋教育史Ⅰ　近代教育の成立と展開
　〈明治期 - 大正中期〉』（2013 年 3 月 4 日名古屋市教育委員会発行）

第 4 章第 5 節（pp.520-527）
　3．「障害児教育」の動向
　　・名古屋盲啞学校の開設
　　・愛知学園などの感化教育の中で

②名古屋教育史編集委員会『名古屋教育史Ⅱ　教育の拡充と変容
　〈大正後期 - 戦時期〉』（2014 年 3 月 3 日名古屋市教育委員会発行）

第 2 章第 5 節（pp.262-274）
　5．障害児教育
　　・個別学級での「劣等児」への教育
　　・名古屋市立盲啞学校での実践展開
　　・愛知学園や愛知県児童研究所の活動の中で

第 3 章第 5 節（pp.521-530）
　4．戦時体制下の障害児教育
　　・八事少年寮での「精神薄弱」への教育
　　・野間郊外学園などでの病弱・虚弱への教育

③名古屋教育史編集委員会『名古屋教育史Ⅲ　名古屋の発展と新しい教育〈戦後 - 平成期〉』（2015 年 3 月 3 日名古屋市教育委員会発行）

第 2 章第 5 節 (pp.200-211)
　5．戦後の「障害児教育」の開始
　　・学童保養園での「身体虚弱児」への教育
　　・児童福祉法制定の中での障害児対応
　　・旭白壁小学校の実践
　　・菊井中学校の実践
　　・幅下小学校の実践
　　・昭和 30 年代の精神薄弱児教育の展開
　　・盲学校・聾学校の義務制の実施

第 3 章第 6 節 (pp.384-393)
　1．「養護学校」、「特殊学級」の増設
　　・特殊教育学級の教育課程の必要性
　2．入級判別に関する基準づくり
　　・施設や設備の物的条件の整備
　　・障害の種類別の特殊学級の新設
　　・児童福祉施設での対応

第 4 章第 6 節 (pp.560-569)
　1．「養護学校」義務制の実施
　　・名古屋市立の養護学校
　　・「障害児」教育の変化
　2．「特殊教育」から特別支援教育へ

＊この資料は、本筆者である私が名古屋教育史編集委員会より編さん助務者として、『名古屋教育史Ⅰ』、『名古屋教育史Ⅱ』、『名古屋教育史Ⅲ』の障害児教育の領域の執筆依頼を受け、明治期から今日に至る長年にわたる名古屋市教育界の特殊教育と特別支援教育への尽力を整理・総括したものである。

　拙稿ではあるものの、労力を費やし資料を発掘し、丁寧に整理したつもりである。いつまでも後世に残る執筆として期待したい気持ちでいっぱいである。（愛知教育大学名誉教授　小川英彦）

あとがき

　本書を書き終えて、若かりし頃のエネルギーのあった自分を思い出し、そして、老体に鞭打ちつつある現在、ほんの少しでもいいので当時のエネルギーを復活させたいと考えさせられた。

　「私の13年の歩み」と副題にしたのは、筆者は、障害児教育福祉についての歴史研究を行う傍ら、歴史とは過去との対話を通した未来への遺産継承の営みであるという自らの考えからである。よって、これからの特別支援教育の方向性を示すことができればという願いをもっている。

　その方向のひとつとして、実践と理論の結合、実践の中から生まれた理論を実践へとフィードバックさせ、実践―総括―計画―再実践という還流関係を作っていくことがありえる。授業づくり、集団づくり、子どもの発見などの創造性についてである。教育の事象についての科学的な解明は実践と理論がそれぞれの相対的な独自性を有しながら、しかも相互に結びついたものとして一元性を求めていくことが重要であると考えられる。

　実践記録の中心は、何といっても、子どもがどのように発達していったか、その発達を促す教師の働きかけは何であったのか、ということの記録である。こうした子どもと教師のぶつかり合いの記録であると言っても過言ではなかろうかと考えさせられている。

　加えて、子どもと教師の活動に対する親の活動とそれを取り巻く諸状況（苦労やたいへんさ）が記録されることがあってもよかろう。このような問題意識から「親子に寄り添った」という副題がうまれたのである。

　もうひとつの方向は、古くから教育学では「子どもをまるごとつかむ」ことが言及されてきた。子どものもっている様々な能力を、その諸連関においてとらえるということである。さらに、子どもが、家庭・学校・地域という生活の場でのいろいろな人間関係の中で、どのような目的や

動機をもって生活し、活動しているかを、より深く理解することである。多様性（ダイバーシティ）から眼前の子どもたちの実態をつかんでいくことになる。

　以上のことから、「新しい再実践」「子どもの発見」「人間関係の構築」といった重要な観点を実践記録は含んでいると考えられる。本書では学級通信（学級だより）に焦点づけて執筆する形になったことを断っておきたい。一部で重複して記述する箇所も生じている。お許しいただきたい。

　末尾になったが、本書を刊行できたのは、三学出版の中桐和弥様の温かい支えと細かなところまで見てくれる文章力があったからである。同出版社の他の拙著においても筆者のわがままな刊行に協力してくださった。同行者に出会えたからである。ありがたみを感じている。

至学館大学特任教授
（愛知教育大学名誉教授）

小川英彦

小川　英彦　障害児教育福祉史シリーズ

‹2014 年 5 月刊行›

障害児教育福祉の歴史
― 　先駆的実践者の検証　―

　障害児の教育と福祉分野における人物史研究である。

　明治期から昭和期にかけてより広範な時期を対象にして各々の実践が生み出される社会背景や成立要因、実践の根本的な思想を明確にしようとした。また歴史研究において何よりも大切な資料の発掘を行った。

　①石井亮一、②小林佐源治、③杉田直樹、④近藤益雄、⑤小林提樹、⑥三木安正の 6 人の先駆的実践者を研究対象とした。

ISBN978-4-903520-87-2　C3036　A5 判　並製　129 頁　本体 1800 円

‹2016 年 12 月刊行›

障害児教育福祉史の記録
― 　アーカイブスの活用へ　―

　障害児の教育と福祉の両分野を対象にして重要と思われる資料の発掘、整理、保存を行った。

　副題にもなっているとおり、アーカイブスとして未来に伝達し活用されることを目的とした。後世の研究発展の一助になればという思いがある。

　戦前における障害者福祉文献整理や障害児保育文献整理などを所収した。

ISBN978-4-908877-05-6　C3036　A5 判　並製　197 頁　本体 2300 円

‹2018 年 8 月刊行›

障害児教育福祉の地域史
　　名古屋・愛知を対象に　―

　名古屋・愛知という地域での実践の歩みを追究した。

　先行研究の一覧、文献目録、年表等の資料を数多く含んでいる。戦前・戦後の連続性、実践の根底に貧困問題があること、児童福祉法制定の精神の貫徹等、実践の特徴を明らかにすることができた。

　名古屋市個別学級、愛知県児童研究所、八事少年寮、戦後初期の精神薄弱児学級などを研究対象とした。

ISBN978-4-908877-22-3　C3036　A5 判　並製　141 頁　本体 2300 円

〈2019 年 3 月刊行〉

障害児教育福祉の通史

― 名古屋の学校・施設の歩み ―

　　ある特定の時代に限定するのではなく、全時代にわたって時代の流れ
を追って書かいた通史である。

　　国の施策・行政動向の中での名古屋の位置づけ、名古屋ならではの実
践の特徴、障害児(者)のライフステージを意識した視点を大切にしたい
という思いで執筆した。①明治・大正を通して(萌芽)、② 1950 年代以
降を通して(展開)、③ 1970 年代以降を通して(拡充)、④ 2000 年代以
降を通して(展望)、という時期区分により記述している。

　　名古屋を中心に残存している資料の発掘、保存に努め、それを整理・
総括している。

　　　　ISBN978-4-908877-23-0　C3036　A5 判　並製　156 頁　本体 2300 円

〈2020 年 3 月刊行〉

障害児教育福祉史の資料集成

― 戦前の劣等児・精神薄弱児教育 ―

　　近年はインクルージョンという理念が叫ばれているように、障害
児に関係する地域における支援システムが構築されつつある。こう
した変化をもたらしたのも、全国各地の学校(学級)において、対象
児と支援者の互いの関係が次第に積み上げられたからである。それ
ゆえに、本書では上記の資料を、県や市ごとに代表的に実践された
障害児教育の試みに注目して集成した。

　　わが国の障害児教育は、「特殊教育」から「特別支援教育」へと大き
く変化してきている。変化する時代であるほど、歴史を紐解き、先
駆的実践者の苦労した業績に学びながら、将来を展望することが重
要になってくることを、「温故知新」の意義を読者の皆様と確認でき
ればと考えさせられる。

　　　　ISBN978-4-908877-30-8　C3036　A5 判　並製　224 頁　本体 2300 円

☆好評既刊

<2020 年 9 月刊行>

障害児教育福祉史の人物

― 保育・教育・福祉・医療で支える ―

　　保育からの支えでは生活に参与した津守真、教育からの支えでは戦後の障害児教育の実践記録、1970年代から80年代の民間教育研究団体での実践記録から幾人の先駆者、貧民学校創始者の坂本龍乃輔、医療からの支えではハンセン病隔離に抗した小笠原登、児童精神医学を樹立した堀要などを取り上げた。コラムには、三木安正、小林提樹、糸賀一雄の活動の概要を紹介した。血の滲むような苦労をしながら開拓していく姿を読み取ることができよう。

ISBN978-4-908877-33-9　C3036　A5 判　並製　224 頁　本体 2300 円

<2021 年 7 月刊行>

障害児教育福祉史の偉人伝

― 愛知の障害児者支援の尽力 ―

　　2014 年、2020 年に次いでの 3 巻目の人物史研究である。
愛知を舞台にした、障害児問題の解決に貢献・活躍した 41 名の著名な実践家と研究者を研究対象とした。
導かれたのは、子どもの発達の可能性を限定してしまうのではなく、むしろ、生活や発達を保障するという見地から、子どもたちの獲得すべき生活力、学力、人格を明らかにし、そのために整備すべき教育や福祉の方法や内容を構築していくという考え方である。

ISBN978-4-908877-39-1　C3036　A5 判　並製　168 頁　本体 2300 円

小川英彦（おがわ　ひでひこ）

1957 年、名古屋市生まれ
至学館大学健康科学部こども・健康教育学科特任教授
（愛知教育大学名誉教授）
障害児保育教育の内容・方法研究と障害児教育福祉の歴史研究

□主な共著　【園・学校での障害児保育教育関係】
『障害児の教授学入門』（2002 年刊、コレール社）
『養護学校における危機管理マニュアル』（2004 年刊、明治図書）
『障害のある子どもの理解と親支援』（2005 年刊、明治図書）
『特別支援教育の子ども理解と授業づくり』（2007 年刊、黎明書房）
『特別支援教育の授業を組み立てよう』（2007 年刊、黎明書房）
『特別支援教育のカリキュラム開発力を養おう』（2008 年刊、黎明書房）
『よくわかる特別支援教育』（2008 年刊、ミネルヴァ書房）
『特別支援教育の現状・課題・未来』（2009 年刊、ミネルヴァ書房）
『幼児期・学齢期に発達障害のある子どもを支援する』（2009 年刊、ミネルヴァ書房）
『自閉症児のコミュニケーション形成と授業づくり・学級づくり』（2011 年刊、黎明書房）
『発達障害児のキャリア形成と授業づくり・学級づくり』（2011 年刊、黎明書房）
『キーワードブック特別支援教育の授業づくり』（2012 年刊、クリエイツかもがわ）
『特別支援教育のための子ども理解と授業づくり』（2013 年刊、ミネルヴァ書房）
『教育方法学研究ハンドブック』（2014 年刊、学文社）
『エピソードから読み解く特別支援教育の実践』（2017 年刊、福村出版）
『アクティブ・ラーニング時代の実践をひらく障害児の教授学』（2019 年刊、福村出版）
『現代の特別ニーズ教育』（2020 年刊、文理閣）
『ダイバーシティ・インクルージョン保育』（2022 年刊、三学出版）

障害児教育福祉の実践記録
—— 親子に寄り添った私の 13 年の歩み ——

2023 年 8 月 10 日初版印刷
2023 年 8 月 20 日初版発行

　　　著　者　小川英彦
　　　発行者　岡田金太郎
　　　発行所　三学出版有限会社

〒 520-0835 滋賀県大津市別保 3 丁目 3-57 別保ビル 3 階
TEL 077-536-5403　FAX 077-536-5404
https://sangakusyuppan.com/

　　　　　　　　　　亜細亜印刷(株)印刷・製本